ZHE GE WENTI YOU DIAN LENG

这个问题有点冷

课堂上学不到的冷门知识大集合

佳文 编著

广西人民出版社

图书在版编目（CIP）数据

这个问题有点冷：课堂上学不到的冷门知识大集合 / 佳文编著.—南宁：广西人民出版社，2014.2（2014.8 重印）

ISBN 978-7-219-08680-3

Ⅰ.①这… Ⅱ.①佳… Ⅲ.①科学知识—青年读物 ②科学知识—少年读物 Ⅳ.①Z228.2

中国版本图书馆CIP数据核字（2013）第268559号

监　　制　白竹林
策划编辑　王晓雪
责任编辑　王晓雪
责任校对　唐柳娜　梁小琪
印前制作　麦林书装

出版发行　广西人民出版社
社　　址　广西南宁市桂春路6号
邮　　编　530028
印　　刷　广西大一迪美印刷有限公司
开　　本　875mm×1230mm　1/32
印　　张　7
字　　数　100千字
版　　次　2014年2月　第1版
印　　次　2014年8月　第2次印刷
书　　号　ISBN 978-7-219-08680-3/I·1696
定　　价　22.80元

目录 contents

第一章 生活冷知识特长班

第二章 健康冷知识特长班

第三章　动物冷知识特长班

第四章　吃喝冷知识特长班

第五章 人体冷知识特长班

第六章　娱乐冷知识特长班

第七章　文化冷知识特长班

第八章　科学冷知识特长班

第九章　世界冷知识特长班

第十章　历史冷知识特长班

第一章
生活冷知识特长班

我和我的小伙伴被惊呆了

为什么在运动场跑步时都沿着逆时针方向跑？

人们在运动场跑步时，都是沿着逆时针方向跑，这是什么原因呢？

对此，科学家给出了这样的解释：人的大脑分为左右两边，左脑和右脑的功能不一样。人的右脑支配左边身体的活动，左脑支配着右边身体的活动。在生活中，很多人习惯用右手写字、吃饭、工作等，这都是左脑来支配的，又因为左脑主要是进行高级思维活动的，所以左脑的负担要比右脑大很多。人体为了维持全身的平衡，加强了受右脑支配的左腿的功能，所以大多数人会觉得左腿比右腿有力量。不知道大家有没有注意，在赛跑时，大多数运动员都是用左腿作为后蹬腿的。在跑弯道时，因为左腿有力，所以按逆时针跑，左腿就能很好地克服身体的离心力，保持身体的平衡稳定，避免向内侧倾斜而摔倒。如果按顺时针跑，因为右腿的力量比左腿小，身体就会感觉不稳，很容易因为保持不了身体平衡而摔倒。

另外，人的胸腔内有心脏和肺脏，心脏偏向左边，而且心脏内是比较重的血液，而肺叶里是重量较轻的空气，所以胸腔的重心是略微偏向左边的。在绕操场跑步时，因为人体向着左边转会比向着右边转有更好的向心力，因此人们跑步时都是沿着逆时针方向跑。如果你想试着沿顺时针方向跑，很快就会因为了平衡身体而感到疲惫。

通过身份证号码，能辨别性别吗？

当我们看到一张身份证时，可以通过照片来辨别它的主人的性别。如果只有一串身份证号码，应该怎样辨别身份证主人的性别呢？

事实上，身份证号码中包括了丰富的信息，它与一个人的姓名、性别、民族、出生年月、籍贯等信息紧密相关。在 18 位的身份证号码中，前 6 位为地址码，第 7 至 14 位是出生日期码，第 15 至 17 位是顺序码，第 18 位是校验码。

具体来说，地址码表示身份证主人常住户口所在地

（市、县、区）的行政区划代码；出生日期码表示身份证主人的出生年月日，其中，第 7 至 10 位为出生年份，第 11 位和第 12 位是出生月份，第 13 位和第 14 位表示出生日期；顺序码是在同一地址码所标示的区域范围内，对同年、同月、同日出生的人编订的顺序号，第 17 位代表性别，奇数为男性，偶数为女性；最后一位校验码通常是由前面的数字通过某种运算得出的，用来检验该组数字的正确性，当计算结果为“10”的时候，如果用“10”做尾号，身份证号码就变成 19 位了，这样就违反了国家标准，所以这时便用代表“10”的罗马数字“X”来代替，这就是有些人的身份证号码最后一位是“X”的原因。

与 18 位的身份证号码相比，15 位的身份证号码中，出生日期码是 6 位，即第 7 位和第 8 位表示出生年份。以此类推，第 15 位代表性别，同样是奇数为男性，偶数为女性。另外，15 位身份证号码没有最后一位校验码。

清洁剂的泡沫越多，清洁力越好吗？

在人们的日常生活中，经常会用各种清洁用品来洗衣、洗碗、洗澡等。那么，泡沫多少和清洁力有关系吗？是否是泡沫越多，清洁力越好呢？

事实上，泡沫多少和清洁力没有关系，污垢并不是被清洁剂的泡沫洗掉的。清洁污垢的成分主要是表面活性剂。简单来说，表面活性剂是一种能瓦解液体表面张力的成分。举例来说，滴一滴水在碗上，水会结成一个“小水球”，但是如果将含有清洁剂的水滴在碗上，就不会形成刚刚提到的“小水球”，而是分散开来，成了一摊水。

我们在使用清洁剂来清洁东西时，先是由表面活性剂渗透到脏物中，表面活性剂将脏物包裹住，然后经清水冲洗，脏物就会被冲走了。说到清洗物品时会产生泡沫，这是因为表面活性剂参与清洁过程的缘故，所以泡沫的多少并不是衡量清洁力强弱的标志，泡沫与清洁力没有任何关系。

人如果保持站立，能睡着吗？

人的膝盖是没有固定支架的，如果人像木杆一样笔直地站立睡觉的话，就会因腿部肌肉的疼痛而摔倒在地。但在一些有宗教信仰的国家，一些意在净化心灵的苦行者，可能到死为止都一直是站立着的，他们是怎么做到的呢？

一些用站立的方式来进行修行的苦行者，几十年来都会像木杆一样站立着生活。一直保持站立生活的苦行者，会用长木杆绑在自己的身体上，让长木杆起到支撑身体的作用，可以分担膝盖和腿部肌肉的压力。

虽然人在不借助外力的情况下是不可能站着睡觉的，但保持坐姿还是可以睡着的。有很多人都会利用坐公交车的时间小憩一下，但相比站立睡和坐着睡，最舒服的，还是躺着睡。

睡觉是大自然赋予生物的基本生存方式之一，动物也需要借助睡觉来缓解周身的疲劳。人虽办不到，但动物中可以站立睡觉的却不在少数。如马，马的小腿和膝盖的骨头与大腿内侧的骨头是相连的，马在睡觉的时候会将腿骨关节锁牢，以达到支撑整个躯体的目的，因此马可以长时间地站立睡觉也不会感到肌肉酸痛。非洲象也是站着睡觉的，它要是躺下来休息，则说明身体出了毛病。

不同的动物有不同的睡觉方式，白头翁睡觉时一只脚站着，另一只脚蜷缩着，并把喙夹在翼下。鹧鸪在睡觉时总是几只挤在一起，头朝外围成一个圆，无论危险来自哪个方向，它们都能准确地发现。而鲸鱼与海豚的两个大脑半球可以轮流睡觉，所以它们即使是在睡觉时，眼睛也都是睁着的。

在雨中少淋雨的方法，到底是走还是跑？

有两个科学研究者在一个雨天做过这样一个实验：两人中间距离为 200 米，正中间有一个建筑物。两个人相向而行，都打着雨伞，一个人跑步到建筑物，一个人步行到建筑物，看谁的雨伞上淋的雨少。最终得到的答案是——跑确实要比步行淋的雨少。

后来又有物理学家和数学家运用公式计算得出，在雨中如果能缩着身体跑向目的地的话，能达到淋更少雨的效果。之所以会有这样的结果，总的说来是在雨中待的时间短，时间越短，淋的雨就会越少。

一般人在下雨天以步行的方式前进要比以跑的方式前进多淋 4 成的雨，而对于胖人来说，会增加到 6 成。

生活用品，哪个最脏？

如果要选出日常生活中最脏的生活用品，也许很多人都会认为是马桶或马桶盖。但真相并非这样，经研究发现，世界上最脏的生活用品是剃须刀！而被误认为最脏的马桶盖的细菌却是最少的，这个结果真是让人瞠目结舌。

在研究中，科学家通过一种专业的仪器来对人们日常生活中使用频率最高的生活用品进行细菌数的测量。这些生活用品包括马桶盖、毛巾、牙刷、口罩、枕套、电脑键盘、剃须刀等。最后的结果为：人们普遍认为的最脏的马桶盖细菌含量最低，为 10 万个/平方厘米，而

剃须刀的细菌含量最高，为 120 万个/平方厘米，是马桶盖的 10 多倍。

另外，细菌含量第二多的为口罩，细菌含量为 30 万个/平方厘米，是马桶盖细菌含量的 3 倍，牙刷的细菌含量为马桶盖的 2.5 倍。

在北极生活需要使用冰箱吗？

一位在电器公司工作的上班族，说要将冰箱卖给在北极生活的因纽特人，同事们对他报以讥笑，说要是这样的话，还不如将电热毯卖到南非。

大家之所以会笑话这个上班族也不无道理，如果因纽特人想要冷冻食物，直接将食物放到屋子外面就可以了，可能比冰箱的速冻效果还要好。

但上班族对他的同事说道：“在北极生活的人，吃的都是冻得很硬的食物，要是有了冰箱，他们不就能吃到新鲜而柔软的食物了吗？”

他的这番话说完后，同事们都闭上了嘴不再出声。事情最后的发展还真的应了这个上班族所说的，因纽特人在不久之后真的用上了冰箱，他们也因此告别了冻得很硬的食物。

北极是地球北边最寒冷的地方。以前在北极生活的人们都是住在冰屋之中或是帐篷里的，而现在他们的生活发生了很大的改变，大家都住在木屋里，并依靠水力、风力或太阳能来发电。

冰箱确实给因纽特人的生活带来了很大的便利，而现在冰箱也成了因纽特人生活中的必需品了。

用冷水来灭火要比用热水更迅速吗？

用冷水灭火的效果好，还是用热水灭火的效果好？可能很多人都会选择前者。但事实却让人大跌眼镜，要想尽快灭火的话，热水要比冷水效果更好。

常见的灭火方法有四种：隔离法、窒息法、冷却法和抑制法。之所以说热水的灭火效果比冷水的效果好，是因为将热水洒在火源上，一方面可以起到冷却的作用，另一方面还可以在着火点的上方快速形成蒸气，具有减少氧气供应的作用。如果缺氧，火势一定会被限制，继而火势会由强减弱，最后被熄灭。

科学人员通过实验得知，1 升热水在每秒钟所起的灭火作用要比 1 升冷水高出 30 倍左右，也就是说在同等时间内，1 升热水所起的作用等同于 30 升冷水所起的作用。如果消防人员能够用热水来灭火，可以大大减少人员的投入，同时缩短灭火时间，能将损失降到最低。但值得注意的是，用热水来灭火时，一定要注意避免热水烫伤人，否则会得不偿失。

为什么水上救生衣多为橙黄色的？

我们外出旅游，如果玩漂流或是参加其他水上娱乐项目时，都会穿水上救生衣，而且救生衣的颜色也多为橙黄色。这是为什么呢？

大家可能会说，因为橙黄色醒目，能引起别人的注意，这样可以提高被营救的概率，使救援者可以更迅速地对有危险的人实施营救。

事实上橙黄色的水上救生衣，除了能让救援者更好地辨认目标外，还具有一个作用，那就是能驱赶鲨鱼。

鲨鱼很害怕橙黄色的东西，如果它们看到了这类物品，如橙黄色的游泳圈等，就会马上躲开。因此，穿橙黄色的救生衣可以让被救者避免遭到鲨鱼的袭击。

人们也许会问，为什么橙黄色能将可怕的鲨鱼驱赶走呢？这大概是因为橙黄色对鲨鱼具有警告作用，像是“别吃我，我有毒”这样的信号。

推车和拉车相比，哪一种更省力？

日常生活中，手推车因其便于操控而被人所广泛使用，它既可以推，也可以拉。那么推车和拉车这两种方式相比，哪种更为省力呢？

一般情况下，不管是推车还是拉车，人的用力方向与水平线之间的夹角基本是保持不变的。因此，是否省力就要看车轮受到的阻力了。只有车轮克服了阻力，车子才能前进。

如果地面的条件相同，那么车轮对地面的压力越大，则阻力越大，而阻力越大，人便更为费力。反之，车轮对地面的压力越小，则阻力越小，而阻力越小，人便更为省力。

人在推车的时候，用力的方向指向斜下方，这样就产生了两个分力，一个向前，是克服阻力的，另一个竖直向下，加大了车子对地面的压力，使阻力增加。而人在拉车时，用力方向指向斜上方，也会产生两个分力，一个向前克服阻力，另一个竖直向上，减少了车子对地面的压力，降低了阻力。

通过上述可知，人在拉车的时候，要比推车时需要克服的阻力小，因此更省力。

有卖铝罐装的牛奶和纸盒装的可乐吗？

液体商品的包装千差万别，尤其以饮料来说，那就更不一样了。举例来说，牛奶、果汁等饮料要装在纸盒、塑料瓶或玻璃瓶中，而可乐却装在塑料瓶或铝罐中。难道可乐就不能装在纸盒里售卖吗？

可乐属于碳酸饮料，这类饮料会因摇晃而产生气泡。如果将可乐装在纸盒里，那么随着饮料内部气体不断地产生，饮料的体积就会增大，而纸盒最终就会被大量产生的气体所挤爆。这便是碳酸型饮料不能装在纸盒里而必须装在牢固的铝罐或塑料瓶里出售的原因。

那么牛奶为什么不能装进类似铝罐的金属容器中出售呢？这是因为牛奶的保质期短，如果用铝罐或其他金属容器来装的话会造成浪费，以节约成本为出发点来考虑，牛奶用纸盒装是最划算的。

“五星级”是最高的评判等级吗？

国际上常用的评判等级的方式之一就是“星级”，而其最常用在酒店的品质评判等级上，当然也有一些其他商品或服务也采用星级这种评判等级的方式。

一般来说，星级分为五个等级，一星级为最低，五星级为最高。可有的酒店是没有任何星级的，这是因为它们可能连一星级的标准都达不到。

建筑、装潢、硬件设备、管理水平、服务质量等条件都是酒店星级划分要考量的部分。一个酒店的星级越高，就表示这个酒店的规模越大，装潢越奢华，管理越优秀，服务越优良，当然，在这里消费的价格也会越高。

尽管如此，五星级也不是酒店的最高等级。世界上的一些国家在五星级之上又设立了更高一级的评判等级，如白金五星级、六星级和七星级。在国际上，这些星级评判等级并没有完全统一，各个国家会因为实际情况的不同而做出调整。

更有营养的是白皮鸡蛋还是红皮鸡蛋呢？

鸡蛋是人们常吃的健康食品，超市或菜市场里销售的鸡蛋多为红皮鸡蛋和白皮鸡蛋。红皮鸡蛋往往要比白皮鸡蛋卖得少，这跟人们认为白皮鸡蛋的营养价值要比红皮鸡蛋高有很大关系。其实鸡蛋外壳的颜色主要受鸡的品种影响。

科学家通过实验得知：白皮鸡蛋的蛋白质含量要高于红皮鸡蛋；白皮鸡蛋的维生素含量要高于红皮鸡蛋；红皮鸡蛋的脂肪含量和胆固醇含量要比白皮鸡蛋高。除了以上几点外，白皮鸡蛋与红皮鸡蛋的营养价值差不多。

有的人认为鸡蛋越新鲜越好吃，其实不然，最好吃的鸡蛋为产后一周左右的，这时的鸡蛋口感最佳。刚产出的鸡蛋含有大量的二氧化碳，吃起来会降低鸡蛋的爽滑感。

水喝多了会“中毒”吗？

报纸上曾经报道，一个人在参加喝水比赛之后死亡了。听说了这件事的人都感到很诧异，难道喝水也能喝死人吗？事实上，这并不是危言耸听，那个人正是由于饮水过度而导致“中毒”死亡的。

“水中毒”到底是怎么回事，这得从人体的内部系统说起。一般情况下，人们喝的水会通过尿液和汗液而排出体外，这样可以起到调节体内水量的作用，血液中的盐类等物质也因此而能保持在平衡的状态。假如人在短时间内摄入过多的水，肾脏就不能迅速地做出反应，不能将过多的水分排出体外，这会最终导致血液被稀释，血液中的盐类浓度下降。血液中盐类的浓度一旦低于细胞液的浓度，水就会从稀释的血液中流向含水较少的细胞和器官里，这会引起器官的膨胀，对机体造成严重的影响。最糟糕的情况是，当脑细胞受此困扰而产生膨胀后，脑内的压力就会增加，这时人会感到头痛难耐。随着大脑在颅腔内一点点地膨胀，呼吸等功能区会受到压迫而出现异常，这个时候人可能会出现呼吸停止，甚至死亡。

水不仅能给人体补充水分，还能起到清洁皮肤和缓解疲劳的作用，但“水中毒”的情况确实存在，因此我们不要短时间内喝太多的水，以免给身体造成伤害。

足球运动员在比赛时经常吐口水的原因是什么呢？

我们通过电视看足球比赛时，经常会看到足球运动员在比赛时吐口水。在我们平时的生活中，随地吐口水是非常不好的行为习惯，那么足球运动员为什么还要在比赛时这样做呢？

足球比赛属于竞技类体育项目，参赛的选手都会感到紧张，人一旦紧张了就会将嘴里的口水往肚子里咽，像是想把这种紧张感吞掉一样。而足球运动员朝外吐口水，也是想把紧张的情绪一吐为快。此外，足球运动比赛场里，由于运动员要跑来跑去，会将场地的灰尘弄得四处飞扬，这也是足球运动员吐口水的一个原因。除此之外，吐口水还能调节身体里水分的含量，可以让体重减轻，利于运动员的发挥。

不仅是足球运动员，棒球运动员和摔跤运动员也会在比赛时吐口水，这种行为跟日常生活中在马路上乱吐口水是完全不一样的。平时我们要是乱吐口水的话，既不雅观，也不卫生。

为什么“饿过劲儿”之后就不饿了？

大家可能会有这样的经历，有时因为太忙或因其他事而错过了吃饭的时间，索性就忍着饿，直到手里的工作忙完再去吃饭。但等做完了手里的工作后，又会发现之前的饥饿感没有了，这是怎么回事呢？

有的人说，“饿过劲儿”是一种习惯，人饿习惯了之后就感觉不到饿了，但这并不是饥饿感消失的真正原因。专家指出，人的主要能量靠血糖提供，人之所以会感到饥饿，是因为血糖的浓度降低而产生的正常反应。假如

这个时候人没有能及时进食，那么人体会自动调节，分解平时储存在肝脏中的肝糖原，从而使血糖浓度恢复到正常水平，这时，人就不会觉得像之前那么饿了。

值得注意的是，“饿过劲儿”对人体来说是大有害处的，当肝糖原分解完后，机体就会分解脂肪来补充人体所需的能量。在这个过程中，人会觉得头晕，如果这时人仍然不进食，对人体来说非常重要的蛋白质也开始分解，这就会对人体器官造成伤害，严重的可能会丢掉性命。

对于工作繁忙的人来说，可随身准备些甜食以备不时之需，如果真的饿过了劲儿，不要喝过多的水，以免患上胃病。

没成功的事为什么叫“黄了”？

小王对小李说：“你谈的那个女朋友怎么样了，什么时候带来给我们看看啊？”小李说：“别提了，上个礼拜分手了，这事黄了。”小李说的“黄了”，指的是自己和女朋友没有个好结果的事，那么为什么要说“黄了”呢？

古时候，做生意的人在开业的时候会用红色的纸写上“开业大吉”四个大字贴在门口。假如生意做得不好，老板想转行或不做了，就用黄色的纸写上“收市大吉”四个字贴在门上，对外宣布这个生意不继续做下去了。

久而久之，人们就将生意失败称作“黄了”，而继续发展下去后，“黄了”也开始表示没有办成或没有结果的事。

左眼皮跳跳，真的是好事要来到吗？

俗话说：“左眼皮跳跳，好事要来到，右眼皮跳跳，灾难要来了。”因此，一些人左眼皮跳时就暗自高兴，而右眼皮跳时就担惊受怕，结果自然是既没有什么好事来到，也没有什么灾难降临。

眼眶匝肌环绕在眼睛周围，它是组成眼睑肌肉的一部分，形状呈扁圆形。当眼眶匝肌收缩时，眼睛就会关闭。我们平时的眼睛总是不停地眨呀眨，这样能将泪液刷到眼角膜和眼结膜上，以起到保护眼球的作用。可是如果控制眼睑肌肉的神经受到了过度的刺激，那么眼睑肌肉反复收缩，人就会有眼皮在跳的感觉。眼皮跳其实不会影响到人的健康，更与祸福没有任何关系。一般来说，眼皮跳都是短期的，大多是因为疲劳或是吃了某种药物刺激所致。出现了眼皮跳的情况，我们可以用手指轻轻进行局部按摩，然后保证充足的休息就可以将这种情况消除。但假如眼皮跳的时间持续很长，而且幅度很大，说明眼部可能产生了什么疾病，就有必要到医院寻求专业的救治了。

为什么成年人吃烫或辣的食物会觉得爽，而小孩子则没有这种感觉呢？

成年人在吃烫嘴的食物或是辛辣食物时，会觉得非常过瘾，但小朋友吃的话只会感觉到烫或辣，而没有其他感觉，这是怎么回事呢？

“爽”和“过瘾”在这里有将堵住的东西清除的意思，大家在乘坐拥挤的电梯或是地铁时，会感到很拥挤，很不舒服，等离开了那个环境会感到一阵爽快。

成人们随着年龄和阅历的增加，在平时的工作和生活中会不断地累积一些压力，当压力累积到一定程度时，如果不能得到释放或缓解，会感到被压得喘不上气。此时要是吃烫的或辛辣的食物，能够将体内的憋闷情绪清除掉，这就是成年人能感觉到爽的原因。小孩子没有大人那么多压力，所以他们在吃这类食物时，是没有这种感觉的。

为什么有些年代久远的书的书页会变黄？

有些年代久远的书，里面的书页会变得发黄，这是什么原因造成的呢？

造纸工人在造纸时，将原料粉碎蒸煮后所得到的就是一种黄色的纸浆，之后人们再往其中加入具有漂白作用的漂白剂，所以才有了白色的纸张。而这种漂白剂与空气接触后，会渐渐与氧气发生氧化反应，一点点地被分解掉，经历了足够长的时间后，漂白剂被完全分解掉，纸张就变回了原本的颜色——黄色。除此之外，空气中的酸性物质也会对纸张进行腐蚀破坏，从而加快纸张变黄的速度。

睁眼打喷嚏会将眼睛“喷”瞎吗？

人们打喷嚏的时候都会不自觉地将眼睛闭起来，这是因为人在打喷嚏时会用很大的力量将体内的气体排出。这个时候，人的肺部、口腔和鼻腔内的压力都会增加，这种压力使得喷出气流的速度能达到 177 千米/小时，而 12 级大风的风速也才只有 117 千米/小时。这么大的力量，如果是睁着眼睛打喷嚏，会给眼睛带来很大的伤害。

假如睁眼打喷嚏，所产生的压力就会伤害到泪腺导管，更严重的也可能伤害到视神经。为了保护眼睛，人在漫长的进化过程中，已经有了应对的办法。在打喷嚏时，人的脸部肌肉会先放松下来，眼睛也会本能地闭上。如果打喷嚏时强制性地让眼睛睁开，确实是很危险的，有可能造成眼睛的失明。

有人说打喷嚏是因为被别人念叨了，也有人说是因为被别人背地里说了坏话，其实这是没有什么科学根据的。空气中的灰尘钻进了鼻子里，或是鼻子受到冷空气等刺激，人体会出于本能地进行自我保护，就会开始打喷嚏。

有的人看见了明亮的光也会打喷嚏，这是一种遗传特性，全世界只有20%左右的人有这种特性。强光的出现，使眼睛产生了保护反应，而打喷嚏只是连带反应而已。

蔬菜是越新鲜的越适合吃吗？

蔬菜越新鲜越好吃，这是很多人的共识。而如今生活在城市中的人越来越喜欢农家乐这种娱乐方式了，开着车到乡下去，到田间地头采摘新鲜的蔬菜，然后送到主人家进行烹煮，吃着新鲜的蔬菜，既能放松心情，对身体也大有好处。而事实真的是这样吗？

其实，蔬菜并不是越新鲜的越好，刚采摘下来的蔬菜，上面残留有大量的农药，如果能将其放置一段时间，蔬菜表面的有害成分会分解掉一部分。有的人会说，新鲜蔬菜放置过一段时间后，营养成分不是减少了吗？实则不然，像青椒、菠菜等蔬菜，并不会因为放置了一段时间而流失营养。卷心菜如果被冷藏过，那么它的维生素含量会比新鲜的卷心菜维生素含量还要高。当然，有的蔬菜，如番茄、马铃薯等，在存放了几天后，营养价值确实不如新鲜的高。我们既要重视新鲜蔬菜的鲜，也要看到新鲜蔬菜上的农药，适当放置与处理，才能在健康与新鲜之间找到平衡点。

热带水果“怕冷”吗？

生活中，大家会将吃不完的水果放进冰箱里存放，等以后再吃。这个办法对热带水果来说是很不好的。

香蕉、荔枝、芒果、龙眼、火龙果等热带水果，都已经习惯了热带地区的高温，当把它们放进冰箱的冷藏室后，会扰乱它们的细胞组织，使水果在低温环境下“生病”。把热带水果放进冰箱，会对水果起到催熟的作用，故而会加快水果的腐败速度，所以热带水果是“怕冷”的。

如果想将热带水果放进冰箱中，要将冰箱冷藏室的温度调高一些，而且保存时间最好不要超过两天。从冰箱中拿出的热带水果要尽快吃完，因为再次进入常温环境的热带水果会加速腐败。如果大家要想放置热带水果的话，可以选择阴凉、避光、通风的地方进行储藏。

一旦发现水果出现腐烂的地方，不要将腐烂处挖去后继续食用，因为在腐烂处周围一厘米的地方仍然有毒素存在。发现水果出现了腐烂的情况，要马上将其丢弃。水果腐烂后，各种真菌会大量滋生，在这个过程中还会释放大量的毒素，如果吃了这样的水果，对身体是相当不利的，不可因小失大。

只喝牛奶能不能健康地活下来？

牛奶营养丰富，但只喝牛奶的话能够健康地活下去吗？牛奶虽然营养成分高，但只喝它的话会导致贫血，这是因为牛奶中铁的含量很低，吸收率也低，因此如果长时间只喝牛奶的话，人会得缺铁性贫血，这对人体来说伤害是很大的。

牛奶中含有很多的营养成分，如蛋白质、脂肪、碳水化合物、维生素、钙等。但仅有这些还是不够的，如果能将牛奶和其他食物搭配着食用，对身体来说才是最

好的。

牛奶并不适合所有人喝，也不能三餐都喝，否则会适得其反。有的人是不能喝牛奶的，喝牛奶后会出现不适的症状，身体会很不舒服。而有的人在小的时候能喝牛奶，并没有什么不良反应，但长大后喝牛奶会出现肚子痛、拉肚子等情况，这是因为身体里的“乳糖酵素”逐渐减少的缘故。

只喝牛奶是不能健康地存活下去的，不论是什么食物，都要适当、适量地摄取，均衡摄食才能有强健的体魄。

电脑里怎么没有 A 盘和 B 盘？

我们会发现，电脑中有 C 盘、D 盘、E 盘和 F 盘等，但没有 A 盘和 B 盘，这是为什么呢？

这要从早期的电脑开始讲起。电脑出现的初期还没有硬盘和光驱，人们只能将文件和应用程序都存放在软盘上，连电脑的启动都要借助软盘驱动器。那时，电脑一般会安装两个软盘驱动器，也就是我们以前常见的 3.5

英寸软驱和5.25英寸软驱，它们其实就是电脑的A盘和B盘了。之后，随着科学水平的提高，硬盘应运而生，但A盘和B盘的位置已经被占了，因此只能从C盘开始算起。现如今，软盘已经被淘汰，A盘也已经被今天的U盘所取代，因而人们便只能在电脑中看到C盘之后的盘符了。

打火机比火柴发明得早？

一般人认为，打火机发明的时间要比火柴晚，因为打火机看上去要比火柴高级，其实不然，火柴发明的时间为18世纪末，而打火机的发明时间为16世纪早期。

打火机进入书本记载，最早可追溯到公元1505年，那个时候德国纽伦堡地区一个贵族的手卷中，就有关于打火机的记录。

而火柴的发明则是在南北朝时期，当时战事四起，北齐遭到前后夹击，物资短缺。当时困扰着部队的最大难题就是煮饭的火种，火种太难得了。不久宫里的一名侍女发明了一种点火的材料，这就是火柴的前身。后来这种点火的材料传到了欧洲，欧洲人在此基础上于 18 世纪发明了真正的火柴。

后来，外国人将火柴作为贡品进献给清朝的宫廷，从此，火柴正式传入中国。随着外国商人的大量涌入，火柴在中国民间也开始普遍应用起来，老百姓干脆给这个东西起名为“洋火”，这种叫法也一直流传到今天。

鞋臭是怎么回事？

很多女生会认为，“臭鞋”都是男生的事。其实鞋子发臭，不止会发生在男生的身上，女生一样会有“臭鞋”出现。

鞋发臭的原因是脚心出汗多，脚部每平方厘米所具有的汗腺是人体其他部位的 3 倍到 5 倍。天气炎热、参加体育运动、精神紧张、吃辣或烫的食物都会促使汗腺分泌大量的汗液。而汗液里除了含有水分以外，还含有盐分、乳酸和尿素，脚出汗多了，细菌就开始大量繁殖，繁殖过后便开始分解角质蛋白，再加上汗液中乳酸和尿素的作用，鞋就会出现臭味。如果穿的是密封性好的球鞋或皮鞋，那么臭味会越来越浓，一旦将鞋脱掉，臭味会四散开来，让人尴尬不已。

如果你有这方面的烦恼，不妨试试下面的这个方法，既简单，又经济，最重要的是非常有效。若你的鞋有臭味，可以将家中用的卷筒纸叠好塞入鞋内，几个小时后，将纸取出，鞋就没有臭味了。

大多数妈妈都用左手抱孩子，原因是什么？

如果你认真观察的话，会发现这样一个有趣的现象：大多数妈妈都是用左手来抱孩子，就算是大家普遍认为右手的力量要比左手的大，但妈妈们还是会不由自主地用左手抱起孩子，这是为什么呢？

这个有趣的现象被美国的心理学家索尔科证实了，他通过研究发现，4/5 的右利手妈妈和 3/5 的左利手妈妈都习惯用左手来抱孩子。这究竟是偶然还是有内在根据呢？妈妈用左手抱孩子时，孩子耳朵所在的位置正好在妈妈的心脏附近，这样妈妈的心跳声就会通过孩子的耳朵传入到其大脑中，这样可以安抚孩子的情绪，抚慰其情感，这种行为完全是一种深藏的母性本能的体现。

站着和走路哪种更累？

看到这样的题目，很多人会说当然是走路累了，站着又不用动，怎么可能比走路还要累。其实大家只要抽出几分钟时间试试，就知道哪种更累了。

没错，试过后大家会发现，虽然站着是不用动，但是它要比走路累得多，这是为什么呢？原因在于，当我们保持站立姿势时，双腿承受着整个身体的重量，两条腿得不到休息，所以过了一会儿就会感觉到累。而当我们走路时，双脚可以交替承受身体的重量，这也就意味着，双脚可以进行交替休息，所以跟站着比起来，走路显得没有那么累。

走路比站着要省力的另一个原因在于手臂的动作，科学家研究发现，人在走路时，如果手臂不晃动，那么人体要多消耗 10%左右的能量，假如走路时手脚采取协调的姿势，将大大节省身体的能量。

蚊子吸血能把人吸死吗？

一只蚊子的吸血量大概为 0.005 毫升，跟一滴水的量差不多。有的人会认为，小小的蚊子就算让它吸了血也不可能被它吸死啊。实则不然。地球最北端的北极地区，有一种蚊子是群居生活的，它们常常集体出动，对人畜进行攻击，远远看去，如乌云一般。

假如这些蚊子一起扑上来对人进行叮咬，那么便很有可能置人于死地。科学家在北极做过一次实验，将手臂和背部裸露在外，看看到底能吸引多少只蚊子过来以及会有怎样的后果。经计算，1 分钟之内竟然有将近 1 万只蚊子对实验者进行叮咬，照此推算，如果时间为半个小时的话，那么会吸引来将近 30 万只蚊子。这种情况是很危险的，人会因失血过多而陷入休克状态，严重的可能有生命危险。

人体失去 25%的血液就会有生命危险，体重为 65 千克的人，如果失去 1600 毫升左右的血液就有可能死亡。所以，不管是成年人还是儿童，如果被北极的这种蚊子叮咬的话，都有可能因失血过多而死亡。除此之外，蚊子的可怕之处还在于它会传染疾病，如脑炎、疟疾等都是由蚊子传播的，如果稍不注意也有可能危及生命。

人们为什么管物品叫“东西”，而不叫“南北”呢？

日常生活中，人们常常把身边的某个物品叫作“东西”，比如“帮我把桌子上的那个‘东西’拿过来”。为什么不说成“帮我把那个‘南北’拿过来”呢？

原因在于，五行方位中，“东西南北中”分别对应着“金木水火土”，由此可见，“东西”主“金木”，而“南北”主“水火”，金木是可以用容器盛装的，而水火则不行。因此，人们在买物品的时候，都说买“东西”，而不是买“南北”。

另外，在古时候，人们认为“南北中”所对应的“水火土”没有什么价值，因此没有被买卖的资格。古时候人们以面朝南、背朝北为上，东西两侧放置物品，随着时间的推移，人们便渐渐地用“东西”来指代物品。

照相不爱笑，婚姻不幸福？

笑容不仅能表达人们愉悦的心情，而且还具有提升婚姻质量的功能。科学家研究发现，人们在照相时是否爱笑，与婚姻是否幸福有关。

科学家找了1000多名已婚的人作为实验者，科学家先将这些人照片中的笑容划分成了10个不同程度的等级，然后将这些等级与他们的婚姻状况进行对比。最后发现，最爱笑的实验者中没有离婚的人，这些人占到实验者的10%；而最不爱笑的实验者，有25%左右的人有离婚的经历。科学家因此得出结论，照相爱笑的人其婚姻的幸福指数要比照相不爱笑的人高。

一般来说，爱笑的人对人生的态度多为积极的，而且更能吸引跟自己有着同样性格的人，两个爱笑的人在一起生活，婚姻幸福指数一般都会很高。对人生态度积极的人，是愿意主动解决婚姻中出现的问题的。

第二章
健康冷知识特长班

这个答案真是让人意想不到

怕冷？ 裸睡！

两个体质差不多的人，都盖着被子，一个人穿着衣服睡觉，一个人裸睡，哪个人会觉得更暖和呢？恐怕很多人都会认为穿着衣服睡觉的人会更暖和，其实不然。

科学家经过试验得知，穿着衣服睡觉的人，被子里面的温度基本维持在恒定的状态，而裸睡的人，被子里的温度在经过一段时间后开始上升。之所以这样，是因为被子能吸收被子里的水分和人所散发出来的热量。裸睡的人因为身体散发出来的热量被被子吸收，因而被子里的温度会渐渐上升。穿着衣服睡觉的人，热量会被衣服所吸收，而衣服不会将热量散发出去，这也是被子内温度基本保持恒定的原因。除此之外，衣服与皮肤的摩擦还会影响到人的血液循环，造成体表热量的流失，就算盖上了被子，也会觉得冷。

不洗澡，会死吗？

法国国王路易十四，7 岁时才第一次洗澡，之后是一年洗一次。那个时候的医生都错误地认为洗澡会给身体带来疾病，所以当路易十四想要洗澡的时候，都是受到百般地阻挠。路易十四在这样的氛围下，也相信了这种说法，于是他一生中只洗了不到 80 次澡，到 72 岁的时候去世。当时普通的老百姓就没有路易十四那么幸运了，因为不洗澡的缘故，导致传染病肆虐，很多人都过早地死亡了。

人体虽然具有一定的自我清洁功能，但如果在户外沾染了病菌，还是要通过洗澡来将其去除掉。洗热水澡不仅能防止传染病的传播，而且能促进血液循环，洗去一天的疲乏，令人感到放松。不洗澡虽然不会导致死亡，但长期不洗澡，不仅对身体有害，而且容易有异味，也会影响社交。

原始人不会得蛀牙？

随着经济水平的提高，我们的饮食结构发生了很大的变化，食物更加精细，摄入的糖分也在增加。因此，现在有很多人因为这些原因而得了蛀牙。那么原始人也会有这方面的困扰吗？

在掌握如何用火来弄熟食物之前，原始人都是吃生的食物，这样基本上不会在牙齿上留下残渣，原始人也就没有尝过牙齿酸疼的痛苦。等到人们开始吃熟的食物之后，牙缝中就有食物残渣，蛀牙问题随之出现。

得了蛀牙就要将牙拔掉，而以前拔牙时是没有麻药的，直接用钳子将牙齿整颗拔下来。人们听到病人痛苦的喊叫声，都开始思考如何避免得蛀牙。后来，牙刷和牙膏出现了，刷牙成了人们日常生活中一个不可或缺的环节，而刷牙对于预防蛀牙的出现也确实起了非常重要的作用。

咬铅笔芯，会中毒吗？

很多人都认为铅笔芯里含有铅，所以大人看到小孩子在咬铅笔芯的时候会加以制止，认为这样会使孩子中毒。其实事实并非如此，铅笔芯中不含铅。

铅笔之所以叫铅笔，是因为古罗马人和古希腊人用铅棒写字，而铅笔的原理与其相近，故而以铅笔命名。铅笔里含有石墨，石墨和铅笔的木质外壳一样，几乎没有毒性。所以咬铅笔芯是不会引起中毒的。

16 世纪中期，英国发现了石墨矿，开采出来的石墨被切割成细条状，这就是世界上最早的铅笔。

为什么打针要打在屁股上？

人在生病后，大都会吃药或打针，而打针会给人留下更为深刻的印象。为什么医生和护士总是在病人的屁股上打针呢？

人体给药的方式有很多，医生们会根据患者实际病情的需要来选择不同的给药方式。见效最慢的方式是口服药物，药物要经过胃部的吸收才能到达患处；见效最快的方式是静脉注射，也就是打点滴，药物被直接注射到血管里，效果立见；肌肉注射属于见效适中的给药方式，将药物注射到肌肉中，由肌肉中的血管慢慢吸收，最终起到药效。

打屁股针是肌肉注射的一种。臀部肌肉厚实，在这里打针不容易伤到骨头或扎到深处的血管。此外，臀部的肌肉组织疏松，血管丰富，药物能够很快地被吸收掉。

睡得过多对身体有危害吗？

每天睡足 8 个小时，人才能有精神参与到工作和学习中，少于 6 小时的睡眠对人体会造成伤害。那么睡眠时间过长是对身体有益处还是有害处呢？

体质差的人会经常感冒，这可能与其经常睡懒觉有关。睡眠时间过长的人因为室内空气污浊和缺少运动会比其他人更容易感冒。睡的时间过长，会导致人懒惰，进而影响到智力。

爱睡懒觉的人睡眠中枢长时间处于兴奋状态，这就势必影响到其他神经中枢的活动。睡眠时间过长还会增加患中风的概率，特别是年龄大的人，每天睡眠时间超过 10 个小时要比每天睡 7 个小时的人增加 70%的患病概率。因为睡眠时间过长，就会影响到科学进餐时间，时间长了，会扰乱胃部的活动规律，使消化功能降低。

究竟要睡多久才能让身体处于最佳的状态呢？专家研究发现，成年人的标准睡眠时间为 6 个小时到 8 个小时，老年人在此基础上减 1 个小时，青少年要增加 1 个小时。

茶喝多了也会醉吗？

酒喝多了会醉人，茶喝多了也会醉吗？一些人连着喝了几杯浓茶后，会出现头痛、恶心、失眠等现象，就跟喝醉了一样，其实，这是过量摄入咖啡碱所引起的。这种现象被称为“茶醉”。

喝浓茶和过量饮茶都可能引起茶醉，“醉”了的人会感觉到呼吸急促，心跳加快。茶醉者的血液循环加速，代谢出现紊乱，严重的会出现抽搐、惊厥现象，要及时送到医院进行救治。

茶叶中还含有一种叫“氟”的物质，氟在人体内积聚过多的话，会出现中毒现象，具体表现为中毒者牙齿缺损、关节疼痛、四肢无力，严重的可能致瘫。

人们在饮茶时要控制好量和浓度，一旦感觉身体产生了不适，可以喝些温汤水，温汤水可以缓解茶醉的现象。

吃饭咬到舌头是馋肉了吗？

有的人会在吃饭的时候咬到舌头，这时旁边的人会说：“馋肉了吧？”那么，咬舌头真的是因为馋肉了吗？其实并非如此，科学家就此种现象做过专门的研究。

造成吃饭咬到舌头的原因有以下四种：第一种是因为牙齿的咬合异常。有的人上牙里的牙弓较小，这样就增加了咬到舌头的概率，这样的牙齿可以通过戴牙套来进行矫正。第二种是因为吃饭过快或吃饭时说话而咬到舌头，这是因为舌头负担过重造成的。第三种是因为舌头先天肥大和牙齿缺失造成的。第四种是因为压力过大或睡眠不足造成的，在这样的状态下，人的神经系统不能正常地控制肌肉的咀嚼活动，所以在吃东西时，就会经常咬到舌头。

偶尔咬到舌头对身体没什么大的坏处，顶多是口腔溃疡，疼上几天就好了，但如果经常反复性地咬到舌头就要提高警惕了，因为这会增加得舌癌的概率。

母亲的乳汁是血液形成的吗？

提倡母乳喂养的今天，母乳的重要性越来越被人们所重视。母乳是婴儿最理想的食物，它的安全性、自然性、营养性是其他食物所无法替代的。母乳所含的营养物质对于婴儿来说是最容易消化和吸收的。婴儿吃母乳可以提高免疫力，减少得病的概率。

母乳之所以营养丰富，其原因也正是母乳是由母亲体内的血液形成的。母亲的乳腺细胞从血液中获取各种氨基酸和葡萄糖作为基础原料，最后转化成了营养丰富的母乳。1 升母乳要以 500 升血液作为原料。也许这是新妈妈在坐月子时一定要吃得营养丰富的原因。

母乳除了能给婴儿提供其所需的能量之外，还能提供婴儿脑部发育所需的营养。母乳喂养婴儿，母亲与婴儿亲密的接触可以更好地促进婴儿心智的发育，对于母亲来说可以保养子宫，使身材尽快地恢复。

晕车是耳朵造成的？

很多人想外出旅游，但一想到要坐飞机或火车等交通工具就头痛，原因是他们晕车、晕机、晕船，严重的会呕吐不止。造成晕车的原因是什么呢？

可能很多人都想不到，耳朵是晕车的“罪魁祸首”。耳朵中的前庭是维持人体平衡的重要器官，它能感知人的头部和体位的变化。若出现变化，前庭会帮助调整人体的姿势，使得身体处在一个平衡的状态。

我们乘船、乘车或坐飞机时，身体会经历突然变向，前庭器官就会变得不稳定，再加上眼睛所看到的也对大脑产生刺激，耳朵和眼睛就向大脑发出相矛盾的命令，大脑会陷入混乱。大脑发出警报后，人们就会有想呕吐的感觉，人也是昏昏沉沉的。

在乘坐交通工具时，一些别的因素也会加重晕车的反应。如环境不舒适、空气状况差等，前庭接收到频繁的刺激后，“晕”的情况就会加剧。

晕车、晕船的症状可以尝试通过下面的办法来缓解或解除。在乘车或乘船时，尽量不要总是盯着交通工具内部的东西看，在给自己一些好的心理暗示的同时，可以看着交通工具前进的方向或水平线。乘坐交通工具出行时，不要吃得太饱或空腹，同时要注意休息，保证有好体力和好心情。

大便、小便为什么多是黄色的？

喝了一大杯的番茄汁，尿出来的尿液也不会是红色的；就算喝了再多的椰汁，尿液也不会变成乳白色。小便的颜色大多是浅黄或深黄色的，之所以是这个颜色，是因为小便里含有一种黄色的尿素。

同样的，无论我们吃了什么食物，排泄出来的大便也都是黄色的，除非是肉类食物吃得过多，大便才会呈现出褐色或黑色。大便的颜色是由胆囊里的黄色胆汁决定的。食物到了肠子中，胆汁会将食物的残渣染成黄色，因此，排出人体外的大便也是黄色的了。

虽然吃五颜六色的食物或是喝各种颜色的饮料，大便和小便的颜色都不会改变，但有些食物如果吃得过多的话，会影响到皮肤的颜色，进而使皮肤的颜色发生改变。例如，吃了过多的胡萝卜，人的手掌、脚掌和眼部周围的皮肤会变得比较黄。这是胡萝卜中的胡萝卜素造成的，过多的胡萝卜素沉积到皮肤上，会使皮肤变黄。

总是迟来的“酸痛”！

缺少锻炼的人突然进行激烈的体育运动或是一次锻炼时间过长的话，都会出现肌肉酸痛的情况。但这种酸痛到来的时间，大都是在运动过后的第二天或第三天。为什么肌肉的酸痛不是在运动时发生，而总是迟来呢？

生物学家给出了这样的解释：人们在运动中为了追

求速度和力量，会使肌肉一直保持在一个高速运转的状态，这就会使得肌肉纤维被撕裂，接着就会产生酸痛感。这种酸痛感会在 24 小时到 48 小时之后达到最高峰。

生物学家指出，这种肌肉的酸痛属于正常的生理反应，大家不用担心。只要继续参加锻炼，几天之后这种酸痛感就会消失，肌肉也会变得更为强健。如果局部疼得实在是太厉害了，可以涂抹活络油或进行热敷。

为了避免出现肌肉酸痛的情况，我们在初次参加运动时要注意把握好度，同时要在锻炼前后做好充足的准备活动。

皮肤为什么会被冻得“发紫”，撞出瘀青？

人们在寒冷的环境下，皮肤会出现颜色的变化，当人体感到特别冷的时候，嘴唇和手背会变成紫色，这是怎么回事呢？

原因在于，在血液中占一半的红细胞，决定着血液的颜色，而红细胞与氧结合后会呈现出鲜红色，与氧离解后会呈现出暗紫色。由此可见，皮肤呈现出紫色是红细胞先与氧结合后再离解形成的。

人体在遭遇低温时，血管先是收缩，以减少热量的流失，但随着受冻时间的延长，神经会渐渐麻痹，血管开始扩张，血管中的血流减速，离解活动加剧，于是血液就变成了紫色。如果一个人的皮肤在低温环境下出现了青紫色，说明其受冻时间较长，要马上转移到温暖区域，如果继续留在那样的环境中，就容易出现冻伤了。

说到撞出的瘀青，其实皮肤的颜色并不是被撞之后就马上出现瘀青，而是先变红，接着转绿，最后才出现瘀青。碰撞会引起皮肤局部组织受损，毛细血管破裂，血液外渗，皮肤出现紫红色。随着时间的延长，血液中的血红素会先分解成绿色的胆囊素，然后分解成黄色的胆红素，这个时候皮肤便出现了瘀青。白细胞会对受伤部位进行修复，最后皮肤的颜色也会恢复到正常。

人的手指为什么不一样长？

人的手指能做出各种精致的糕点，还能灵活地敲击电脑键盘，无论多么复杂的机器设备，手指都能组装完成。有人问，为什么手指的长度不一样呢，一样长的话会不会更方便呢？其实正是因为我们的手指长度不同，所以才能胜任不同的工作，如果手指一样长，可能连抓取东西都很难。

大拇指短且粗，抓东西时能起到一定作用；食指最灵活，打字、写字都离不开它；中指、无名指和小拇指具有很强的辅助作用。

人的手指进化到今天经过了漫长的时间，手指长度各不相同才能更灵活方便地活动。而灵活的手指活动得越多，就会使大脑接收到越多的刺激，智力也就得到了发展。

酒精会伤害大脑吗？

酒精会减缓新细胞生长的速度，如果酗酒的话，确实会给人体带来很大的伤害，其中也包括对大脑的伤害。

科学家通过实验得出结论，喝酒的人和不喝酒的人，身体的神经元整体数量没有什么明显的差异。不但如此，许多的实验还证明，少量饮酒之后还能提高人们的推理和判断能力。欧洲的科学家做过一项实验，小白鼠在被喂了酒精之后，脑细胞的活跃程度大大增强。如此可见，酒精是否会伤害到大脑，主要取决于饮酒的量，如果喝的酒不多，并不会对大脑造成伤害。

北方人喝酒，喜欢将白酒温热后再喝，这是有一定的科学道理的。喝凉酒，尤其是冷藏过的酒，对人体是有害而无益的。长期喝凉酒会引起食欲下降，导致肠胃紊乱。稍微给白酒加热能增加白酒的口感，但不要温度过高，如果超过了60℃，会减少酒的醇香。

一天吃几个鸡蛋最合适?

很多人认为，鸡蛋最好不要多吃，吃多了会造成浪费，因为身体吸收不了过多的营养，多吃的部分只会随着排泄物排出体外，所以一天吃一个鸡蛋最合适了，事实真的是这样吗?

鸡蛋确实含有丰富的营养，尤其是含有大量的蛋白质，对人体很有益处。然而，鸡蛋黄中含有一定的饱和脂肪和胆固醇，过多地摄入会增加心血管疾病的发病率。科学家指出，胆固醇的摄入量最好不要超过 300 毫克/天，而一个鸡蛋的胆固醇含量在 180 毫克左右。如此来看，每天吃两个鸡蛋的话，胆固醇的摄入量就过量了。但是不是每个人真的只能一天吃一个鸡蛋呢？事实上，鸡蛋所含有的丰富的营养物质并不具有吃多了不吸收的问题，对于血脂和胆固醇指标正常的人来说，多吃些鸡蛋没有什么问题。总的说来，每天吃一个鸡蛋最合适的原因，并不是因为吃多了鸡蛋使营养不吸收，而是为了保持饮食的均衡。

喝可乐真的会变胖吗？

很多人认为，从可乐的成分表来看，单位重量的可乐含糖量并不是很高，甚至比一些水果的含糖量还要低，所以喝可乐是不会发胖的。其实不然。

想保持好身材的人们要注意了，想要肚子上不出现肚腩，就一定要少喝或不喝可乐。通常来说，我们喝可乐是不会只喝 100 毫升的，而是一下子喝一瓶或一罐。

按照这样的比例计算，喝下一瓶 500 毫升的可乐跟吃下 1 两白糖差不多。但需要注意的是，可乐中的糖都是单糖，单糖进入人体后，会直接进入血液。单糖进入血液会引起血糖急速上升，胰岛素被刺激得大量频繁释放，脂肪更容易形成，因此更容易变胖。

被雷电击中，人还能活下来吗？

雷电是一种自然现象，一般发生在对流旺盛的积雨云中，云的上部和下部会产生电位差，当电位差达到一定程度后，就会产生放电现象，也就是我们通常看到的闪电。闪电的平均值为 3 万安培，最大的可达到 30 万安培。人被雷电击中后，会有灼烧感，身体会变得焦黑且会死亡。平均每年有 2000 至 3000 人死于雷电的袭击。但有没有人被雷电击中后还能存活下来呢？

世界上还真有这样的幸运儿，欧洲有个叫乔治的人，他一生中被雷电击中过 8 次，但还是幸运地活了下来。最为严重的一次，他的头发和眉毛都着了火，肩膀和肚子也都有严重的灼伤。一般人在遭受到电击后都会死亡，但像乔治这样的人，因为身体里拥有与一般人不同的人体电阻，所以被雷电袭击后还是能顽强地存活下来。

在野外遇到雷电天气时，人们要远离空旷的地方，到低洼处或地势较低的地方躲避，将有可能会导电的金属物品放到离自己较远的地方。

房间里的灰尘竟然是人的死皮？

午后的阳光射进屋内后，我们能从阳光中看到很多的灰尘，其实，这些灰尘就是我们身上老去、脱落的死皮。

人也会像一些动物一样“脱皮”，但跟动物不同的是，人的“脱皮”不是一次性完成的。人的皮肤处在不停的新陈代谢之中，新细胞不断产生，会逐渐地上升到表层，最外层死去的细胞就会被挤掉。在这个“脱皮”的过程中，数以亿计的皮肤细胞会从人体脱落，它们飘浮到了空中，就成为我们平时所看到的灰尘了。

烤肉中的致癌物靠什么来去除？

很多人都喜欢吃烧烤，尤其是烤肉，想起那阵阵的焦香，口水就止不住地流下来。但是烤肉时所产生的苯并芘是大家所熟知的高活性间接致癌物，如果其在人体内慢慢堆积起来，会对肠胃和肝脏造成一定的损害。如此看来，我们一定要放弃吃烤肉吗？其实还是有方法来将烤肉中的致癌物去除掉的。

吃烤肉配柠檬是一个不错的选择。因为柠檬中含有丰富的维生素 C、柠檬酸、苹果酸和归宁酸等有机酸，这些物质具有解除部分致癌物质毒性的作用。具体操作方法有三种：一是在烤肉时，将柠檬汁洒在烤肉上；二是可以将柠檬皮捣碎后混合在烤肉酱中食用；三是沿着肉的纹理反复涂抹柠檬汁。

烤肉的火候一定要把握好，烤十几分钟后就会产生致癌物质，烤的时间过长，食物中的致癌物质会大量增加，吃了这样的食物对人体的危害是非常大的。

跳水运动员在比赛后为什么要马上淋浴？

我们在看电视中播放的跳水比赛时会发现，运动员在比赛上岸后，要马上淋浴。他们本身都已经是湿漉漉的了，为什么还要这么做呢？

有的人认为，跳水池中的水含有具有消毒功用的氯，上岸后的运动员要尽快将身上的氯冲洗掉。其实，运动员们之所以马上淋浴，是为了保持体温。

跳水池内的水温大都保持在 26℃ 左右，而室内的温度约为 22℃。运动员上岸后，身上的水分蒸发会使他们的体温快速下降，使肌肉变得紧张僵硬，对于其接下来的比赛是极为不利的。因此运动员在上岸后要马上淋浴或在岸上的浴池里泡一下，这算是一种身体适应活动。

人被冷冻后还能复活吗？

有的人得了不治之症，很快就会离开人世，他们想将自己冷冻起来，等到可以治疗自己病症的药物出现了，再将自己“解冻”，从而继续活在这个世上。

1967 年，有个叫贝德福德的人在去世后，冷冻公司马上将其放置在冰库内，用最短的时间将其速冻上了，这是世界上的第一个“冰冻人”。从此之后，一些患有不治之症的人陆续开始成为“冰冻人”，但因为冷冻费用很高，普通人是无法承受这笔花销的。

虽然现在的医学技术可以达到将人体冷冻的要求，但是目前为止还没有一个“冰冻人”从冰冻状态复活过来。然而，随着科学技术的发展，“冰冻人”起死回生的那天应该不会遥远了。

臀部大的人，智商较高？

在生活中，有很多臀部较大的人会感到自卑，他们认为自己的身材不能吸引别人，而且这样的臀部会让自己看上去显得有些蠢。但科学家有了一个新的发现，那就是——臀部越大，智商越高。

研究人员发现，世界上一些智商较高的杰出人才都是臀部较大的人。如拿破仑、美国国父华盛顿、圣女贞德等。由此，研究人员做出了一个大胆的推断，人的智商与臀部的大小是成正比的。

研究人员为了证实这一点，找来 300 名志愿者进行研究。研究人员对他们进行智力测试，其中 150 个臀部较大的人平均得分比臀部较小的人要高出 40 分。这个结果可以说明，人的臀部越大，智力确实也会越高。知道了这点，臀部大的人以后就不用因为自己的体型而自卑了，反而应该感到庆幸，因为这是你聪明的象征。

臀部大的人不仅智商高，而且其身体的健康程度也会比一般人要好，患冠状动脉疾病的和心脑血管疾病的概率都要低很多。

打哈欠会传染？

有的人可能会有这样的感觉，当在逛街或乘车的时候，如果周边有人打哈欠，自己也会不由自主地打个哈欠。这是怎么回事呢？莫非打哈欠也会传染？科学家和心理学家对此种现象做了分析和研究，发现打哈欠传染这一现象，更多地会发生在容易将自己假想成他人的人群中。

对于打哈欠会传染，专家提出三种理论——厌倦理论、生理理论和进化理论。

厌倦理论认为，如果人们都觉得某事会使人感到厌倦，就会打哈欠，但此种理论并不能解释人为何在感到厌倦时会打哈欠。

生理理论认为，打哈欠是人体给大脑补充氧气的一种生理反应。打哈欠之所以有传染力，是因为在某个空间内，有可能几个人同时需要给大脑补充氧气。

进化理论认为，人打哈欠是为了向别人展示牙齿，这是从原始祖先那里传下来的，目的是为了向别人示威或发出警告。

有时候，人在打哈欠的时候会流眼泪，原因在于：人们的泪腺一直都在分泌眼泪，只是分泌得较少，这些眼泪通过泪道进入鼻腔，人们几乎是感觉不到这个过程的。当人在打哈欠时，因吐出气流使得口腔内压力升高，鼻腔内压力也会上升，泪道会受阻，因此眼泪只能从眼眶中流出。

第三章

动物冷知识特长班

有如当头一棒让我彻底清醒

遇到熊装死能逃过一劫吗?

寓言故事中说，如果在山林里遇到了熊，要马上躺在地上装死，这样能躲过熊的袭击。事实上，熊确实是不吃死了的动物的，而且熊一般情况下不会主动攻击人类。当在山林里，人与熊偶遇后，熊也是很害怕的。

如果你距离熊很近，逃跑无望时，最好能马上躺在地上装死，将眼睛和嘴巴都合起来，并屏住呼吸。当熊走到近前触碰你的身体时，你一定不能发出任何声响。熊误以为你是死人后，会马上离开的。科学家做过统计，人在遇到熊之后，以装死法获得生还的概率是很高的。但如果不幸地遇到了一只非常饥饿的熊，那么装死也不一定管用了，唯一的办法就是和它勇敢地搏斗，让熊知道你不是那么容易吃到的。

狗吃了巧克力会死吗？

很多人无法抗拒巧克力的味道，作为狗的主人，有时会将巧克力这种美味分给自己的爱狗。但这些狗的主人可能不知道，巧克力对于狗来说，是十分危险的，甚至有可能夺走爱狗的性命。

巧克力大都为可可豆制作而成，它里面含有很多甲基黄嘌呤的衍生物，这些东西如果被狗食用，轻的会造成呕吐、腹泻，严重的会造成肌肉痉挛，甚至休克。

并不是说狗完全不能消化巧克力，这要以狗的体形和巧克力的种类来定。通常来说，体形越小的狗，吃巧克力越多，造成的伤害就越大。所以，作为狗的主人，如果真爱你的狗，就别给它吃巧克力了。

两极地区的鱼也会被冻死吗？

北极和南极的气温非常低，到处都是厚厚的冰雪。

但仍有很多垂钓爱好者会来到这里破冰钓鱼，令人惊奇的是，他们居然真的能在这里钓到鱼。为什么在如此冷的地方，鱼也不会被冻死呢？

科学家经过研究发现，鱼是一种会随着周围温度的变化而改变体温的变温动物，即使外部的水温再低，鱼也会将自己的体温一降再降以适应生存环境。南极大陆附近的海水温度都在 0℃以下，就算鱼的体温变得和水温一样，它们也不会变成冰块。

科学家对于这一点非常好奇，他们将南极地区的鱼和其他地域的鱼进行了比较。科学家发现，在南极地区的鱼的体液中，蛋白质的含量要比其他地域的鱼的含量高得多。蛋白质正是保证南极地区的鱼不变成冰块的“不冻液”，也正是因为它，鱼才能在极地这样恶劣的环境下存活下来。

眼镜蛇咬到自己的舌头会被毒死吗？

眼镜蛇属于剧毒毒蛇，它的毒液的毒性非常强，一条眼镜蛇所分泌的毒液可以毒死几十个人。眼镜蛇的毒液如果从破损的伤口进入体内，那么无论是人还是动物，都会迅速中毒，如果没有得到及时的治疗，甚至会危及生命。曾经有报纸报道说，一条眼镜蛇咬了一头成年大象的鼻子，大象很快就被毒死了。

如果眼镜蛇咬到了自己的舌头，它也会被自己的毒液毒死，这是因为毒液是从伤口进入到体内的，所以眼镜蛇也会像其他动物一样，全身麻痹，最终死去。但如果眼镜蛇将毒液从口中直接吞入到肚内，毒液就不会扩散到全身，因为眼镜蛇的肝脏会帮助身体来解毒。

山羊的瞳孔不是圆形的？

人的眼睛的正中央，有一个呈圆形的孔，它被人们称为“瞳孔”。瞳孔在遇到强光或亮光时会缩小，在暗处时会变大。大多数动物的瞳孔与人类的瞳孔是相似的，但也有一些特殊的动物，它们的瞳孔并不是圆形的，比如山羊。

山羊的瞳孔在放大后呈现出方形，这是由山羊的眼睛玻璃体的光学特性、视网膜的形状和敏感度、山羊的生存环境等因素造成的。其实，很多蹄趾类动物都像山羊这样，具有近似于方形的瞳孔。

一般说来，人的视野范围在 160 度到 210 度之间，而具有方形瞳孔的山羊，其视野范围能增加到 320 度到 340 度之间，这样的话，山羊不用转头就能看到周围的一切，这样可以让山羊尽快地发现周围存在的危险。

金鱼的记忆真的只有三秒钟吗？

有一个动画片里说，金鱼只有三秒钟的记忆，而很多人也是这么认为的，事实真的是这样吗？

科学家对此问题做了实验，第一个实验是在鱼缸内设置一根杠杆，而这根杠杆每天在水中的时间为一个小时，如果金鱼能在这一个小时之内去推动杠杆的话，就会得到食物作为奖赏。经过训练后，金鱼知道一天中要在某个特定的时间去推这根杠杆，才能获得食物。第二个实验是，将两条打过架的金鱼放入另一个装有一条金鱼的鱼缸内，很长一段时间内，在打架中吃亏的那条金鱼都不会靠近打赢它的那条金鱼。

实验说明，金鱼能区分不同物体的形状、颜色和声音，而且金鱼至少有三个月的记忆力。希望人们能像爱护其他动物一样来爱护金鱼，金鱼也是有记忆的。

把蟑螂放进冰箱中，它还能活下来吗？

众所周知，蟑螂的生命力是非常顽强的。蟑螂几乎能将一切东西作为自己的食物，如报纸、头发、唾液、衣服、电线、塑料、鞋等。不管是什么味道，也不管是软是硬，蟑螂都来者不拒。

1 只雌性蟑螂在 1 年内最多可以繁殖 10 万只后代，这样的繁殖速度是非常惊人的，也正因为蟑螂具有可怕的繁殖速度和适应能力，它们在地球上已经存活了几亿年，比蟑螂还要晚出现的恐龙目前都变成化石了，但蟑螂仍旧活在这个世上。

蟑螂喜欢温暖、潮湿的地方，厨房的角落、洗手间的柜子里都是它们的藏身之地，然而这并不是说蟑螂不能在寒冷的地方生存，哪怕是 0℃以下，蟑螂还是一样活得有滋有味。蟑螂可以适应的温度在－12℃到 60℃之间，如此说来，如果把蟑螂放进冰箱的冷藏室，是不能将其冻死的。就算冷藏室里没有食物，蟑螂也能活上二十多天。

鱼会被淹死吗？

鱼会被淹死吗？听到这个问题，估计很多人都会笑着说：“怎么可能会发生这种事，鱼是生活在水中的，不可能被淹死。”

鱼确实是生活在水中的，但同生活在陆地上的生物一样，鱼也必须要有氧气才能活下去。水中如果没有了氧气，鱼也会因为窒息而死，也就是在水中被淹死了。一般来说，鱼在水中窒息而死的原因有以下两种情况。

第一种情况，水中突然出现大量的水生植物，这些水生植物将水中的氧气耗尽，生活在这个水域的鱼就会因缺氧而死。

第二种情况，鱼下潜过度造成窒息身亡。鱼利用鱼鳔来调节自身的体重，进而做到在水中自由上浮或下潜。如果鱼下潜的深度超过了它自身所能承受的范围，鱼鳔

便会调节失控，鱼就不能再上浮而最终因窒息而死亡。

将绵羊放到水中，绵羊身上的羊毛会缩水吗？

我们平时穿的羊毛衫，如果是纯羊毛的，一般价格都很高，因为其保暖性和舒适性是别的材质的衣服所无法比拟的。但纯羊毛的羊毛衫有一个缺点，那就是遇水后会缩水，以此来展开设想的话，如果将绵羊放入水中，其身上的羊毛也会缩水吗？

事实上，用水来洗纯羊毛的羊毛衫，和将绵羊泡在水中，完全不是一回事。洗羊毛衫时，羊毛会吸收一些水分，此时的纤维就会失去原有的弹性，要是经洗衣机洗或手洗之后，纤维就会缠绕在一起，变得长短不一和无序，等羊毛衫晾干后，我们就会感觉到衣服缩水了。而活的绵羊身上的羊毛，具有一层皮脂，就像是在羊毛上抹了一层油，水是不能将其完全浸透的。就算是绵羊身上的毛被水完全浸透，也不可能出现像羊毛衫被洗后缩水的情况。

蚂蚁从 100 层的高楼上掉下来，还能生还吗？

很多人都知道，蚂蚁是个大力士，它能举起超过自己体重 30 倍以上的重物，还能在墙壁等垂直的表面上自由行走。蚂蚁既然这么厉害，那么如果它从 100 层的高楼上摔下来，会死吗？

大家都知道，物体从高处掉落下来的冲击力是非常大的。无论是什么东西，最终都会掉落在地面上，这是因为地心引力的关系。向上抛起的篮球，会在升上空中后掉落到地面上；鸟儿如果不挥舞翅膀的话，也会摔到地面上。由于物体的重量不同，所以所受的地心引力也不一样。河马的重量大，它所受到的地心引力就大，小猫相对于河马来说，所受的地心引力就小得多。若河马从高处掉下来，因其所受的地心引力大，在空气中所受到的阻力无法与其巨大的地心引力相抗衡，从高处摔落后便会受伤或死亡。

有的人会问，什么是空气阻力呢？大家来想象一下，当你在无风的环境中跑步的时候，脸上会感到吹来的一阵风，这其实就是空气阻力造成的，空气阻力会减缓物体的行进速度。

蚂蚁因为其自身的重量轻，所以受到的地心引力就小。若蚂蚁从高处下落，哪怕是从 100 层的高楼上掉下来，空气阻力大大地减缓了蚂蚁下落的速度，所以蚂蚁最终会安全地到达陆地。

鳄鱼吃猎物时为什么要流眼泪？

总能听到有人说“鳄鱼的眼泪”，看来鳄鱼“哭”的次数还真不少。那么，鳄鱼为什么会“哭”，它又是在什么情况下才会流眼泪呢？

鳄鱼在吃猎物的时候，会流出眼泪，而这个时候的眼泪并不是因为“同情”猎物而流的，也不能算是“哭”，这其实是鳄鱼排盐的一种方式。科学家经研究发现，鳄鱼在吃猎物时身体里的盐分会增加，流出的眼泪是一种含有盐分的溶液，鳄鱼这样做的目的是将体内多余的盐分排出体外。鳄鱼眼睛附近有一个盐腺，能将其体内多余的盐分排出去，保持身体处于健康状态。

海水中的盐分高，很多在海洋中生活的生物都有与鳄鱼的腺体相类似的器官，它们将海水淡化后再进行吸收。举例来说，海龟在上岸后，也会流出泪水，因为它们的盐腺与鳄鱼一样，也位于眼睛的旁边。

天鹅在高空飞翔时会因缺氧而昏迷吗？

大家都知道天鹅在空中能飞得非常高，但是高空的氧气稀薄，天鹅在高空飞行会因为缺氧而陷入昏迷吗？生物学家通过调查得知，一般的鸟，其飞行高度都在 400 米以下，而像天鹅这样的大型鸟类最高却可以飞到海拔 9000 米以上。天鹅究竟是怎么解决高空缺氧问题的呢？

天鹅的呼吸器官跟人类不一样，它体内除了有肺以外，还有很多可以用来储存空气的“囊”。天鹅在吸进气体时，会将空气的一部分吸进肺部，另一部分没有进行血液交换的气体会进入“囊”中储存起来备用。当天鹅在呼气时，“囊”中的气体被挤出去，经过肺部排出体外，而在经过肺部时，空气中的氧气会进入血液进行交换，这也就是说，天鹅不论是呼气还是吸气，都会吸入氧气。

生物学家将像天鹅这样经过一次呼吸活动，肺部就会发生两次气体交换的现象叫做“双重呼吸”。天鹅借助“囊”来进行双重呼吸，氧气会源源不断地供应，就算在海拔几千米的高空，天鹅也不会因缺氧而昏迷。

胖胖的河马是如何在水里游泳的呢？

河马体形庞大，并能在水中自由自在地游来游去，甚至在水里睡觉，它们究竟是怎么办到的呢？河马其实不会游泳，它们只是将身体泡在水中而已。

河马的皮肤薄而脆弱，经过日光的暴晒后会干裂，因此，河马一直将身体泡在水中，只留眼睛、鼻子和耳朵在水面之上，既可以呼吸，也可以警惕身边的危险。

到了晚上，河马会从水中出来走到岸边，找些植物来当食物。河马每天要吃很多的植物，这样才能保证其每天所需的能量。

肉食性动物只吃草会怎么样？

有人说肉食性动物将其他动物生吞活剥，太残忍了，不如让它们吃草，这样大自然就会少了很多血腥的场面。让肉食性动物只吃草，这个想法行得通吗？

肉食性动物的生理构造与草食性动物不同，肉食性动物只适合吃肉类，而且需要肉类食物来供给它们在捕猎时所需要的能量。草含有大量的纤维素，纤维素在肉食性动物较短的肠内是很难消化的，更别说从中吸取到营养了。也就是说，如果肉食性动物吃草的话，还没等到草被消化，草就会被排出体外，如果肉食性动物长期只吃草的话，是会被饿死的。

大家反过来想一下，如果草食性动物只吃肉的话，它们会变成什么样呢？草食性动物如果只吃肉，对于它们只可以慢慢咀嚼草的牙齿来说就是一个负担，当肉类进入它们长长的肠道内后，食物会积压在肠道中，影响到其健康。如此看来，每种动物都有自己的习性，强行改变只会给它们带来坏处，遵循大自然的定律，世间万物才能处于平衡之中。

蚊子叮人不用眼睛寻找目标？

夏天一到，很多人就开始头疼了，因为会有大批的蚊子来袭。一旦有蚊子出现，它们总是能在最短的时间内精确地寻找到“下嘴”的地方。有人说，蚊子的视力太好了，找血管的本事比打针的护士都厉害。

其实，蚊子并不是因为视力好才能寻找到目标的。蚊子会通过其触须上的一种器官来搜集人体散发出来的汗味、热量或是人呼出的二氧化碳。蚊子确定了人的位置后，会用触须上的器官来触碰人的皮肤，通过感应来寻找人的血管。人在被蚊子叮咬后，常常会出现局部红肿和瘙痒等情况，这是由于蚊子唾液中含有的特殊成分造成的，这种特殊成分与人的皮肤接触后，会引起皮肤过敏。

叮咬人的蚊子都是雌性蚊子，它们是为了哺育后代才吸血的。雌性蚊子会选择血液中胆固醇和维生素 B 含量丰富的人为目标，除此之外，运动的人和穿深色衣服的人也容易成为蚊子的进攻目标。

动物也会像人一样做梦吗？

动物会做梦吗？科学家就此进行了研究，最后得出的结论是：爬行动物中，大多数动物都不会做梦；哺乳动物中，如狗、猫、大象、老鼠等都会做梦；鱼类、两栖类动物和无脊椎动物是不会做梦的。

人们在做梦时会出现呼吸浅而急促、血压升高、心跳变快等情况，肢体会不自觉地抽动。医学家可以用眼运动计测法和脑电图来查明人是否在做梦。如果一个人出现了“快速眼动”和“脑电图快波”，那就说明这个人正在做梦。同样的，这个方法也可以用在动物身上，看动物是否在做梦。经研究后得出：青蛙不会做梦，乌龟会做梦但做梦时间很短，狗、猫和猴子都会做梦，做梦时间从长到短依次为猴子、狗、猫。

既然动物也会像人一样做梦，那么它们在梦里都会梦到什么呢？科学家选择用狗来做研究：在狗的面前放置一个显示器，显示器上反复播出同一个画面，当屏幕放出这个画面时，就强迫狗将身边的小圆球叼起来，如果狗拒绝执行的话，就给它一定的惩罚。过了一段时间之后，狗就会形成条件反射，当它看到了显示器上的画面后，就会主动地去叼地上的小圆球。之后，科学家发现，这只狗在睡觉时，会不自觉地用嘴叼身边的小圆球，这说明狗在做梦时梦到了现实中的那个场景。

墨鱼喷出的墨汁可以用来写毛笔字吗？

墨鱼体内的墨汁主要成分是水，它的墨汁之所以为黑色，是因为墨鱼的墨汁内含有一些人看不见的黑色颗粒存在。墨鱼的墨汁确实可以用来写字，但时间长了之后，字迹就会逐渐淡去，最终消失。而我们平时使用的墨水中含有一种特殊成分，可以让字迹变得黑而耐水，颜色持久不褪色。

在古代的时候，一些行骗的人会先向别人借钱、借粮，然后用墨鱼的墨汁写下字据，长期拖欠，不会归还。等事主找上门催债后，骗子就会要求他们出示字据，这时事主会发现白纸上什么字都没有了。骗子就会借此赖账不还。上当的人们开始还不知道这究竟是怎么回事，后来知道是墨鱼的墨汁搞的鬼后，人们就逐渐地将欺诈之人叫作乌贼了。

大猩猩拍胸脯，为的是哪般？

我们在看《动物世界》或是一些电影时，会看到大猩猩用力地拍打自己的胸脯。大猩猩拍胸脯为的是什么呢？

事实上，这是大猩猩的一种习性。当大猩猩遇到敌人或危险时，就会拍胸脯来示威，为的是显示自己的实力和力量。在旅游区内，如果游客惹恼了大猩猩，它们也会冲着人群做出这样的行为，这是一种表达不满的方式。

通常来说，在群体中处于统治地位的雄性大猩猩，是可以随意拍胸脯来表现自己的统治力或宣泄好心情的，但它绝不会允许群体中的其他雄性大猩猩这么做。如果成员中的其他雄性大猩猩冲着雌性猩猩或对拥有统治力的雄性猩猩做出拍胸脯这种动作时，就意味着这个成员要挑衅统治者的地位，一场恶战就在所难免了。

苍蝇能看到朝它挥舞过来的苍蝇拍吗?

有很多人会有这样的经历，当我们在用苍蝇拍打苍蝇的时候，刚刚将苍蝇拍往下拍去，苍蝇就迅速地逃跑了，难道苍蝇能看到朝它挥舞过来的苍蝇拍吗?

其实，苍蝇是看不到朝它拍下来的苍蝇拍的，苍蝇的眼睛并不能看到危险将至。苍蝇会逃跑，是因为它们感觉到了苍蝇拍在上扬时所产生的微弱气流，苍蝇靠着敏锐的感官捕捉到了那时的空气流动，它们把这种气流作为一种预警信号，马上做出逃跑反应。同样，蟑螂和蚊子，与苍蝇一样能捕捉到苍蝇拍的上扬所产生的微弱气流。

因此，我们要想将苍蝇拍死，在挥舞苍蝇拍的时候一定要快、准、狠，不能犹豫，动作要一气呵成。

大象是因为吃得多才长得那么高大吗?

陆地上最大的哺乳动物要数非洲的大象了，非洲象生活在撒哈拉沙漠南部，最重的非洲象重达 8000 千克左右。大象虽然块头大，但食量却出乎人们的意料，它们一天吃的食物约有 40 千克，相对于身体的重量来说，只占很小的比重，大象的食物多为树叶、树皮和水果。

照这样看来，鼷鼠的食量却是惊人的，它们每天要吃超过自身体重几倍的食物。如果以人的食物作为估计，相当于 1 个人 1 天吃下 1 只羊、50 只鸡、100 多个苹果和 40 多个馒头。鼷鼠之所以要吃这么多的东西，是因为它们的活动量太大，必须要吃很多东西才能保证身体所需的热量。

有很多小型的动物需要吃很多东西才能保证身体所需要的能量，使其在气温变冷的情况下身体能活动自如。大象不像小型动物那样需要吃那么多的食物，因为它们一般都行动缓慢，心脏跳动也不会很剧烈，这对于身体庞大的大象来说，体温不易流失，就算吃很少的东西还是能存活下去。

大象长得高大并不是因为它们吃的东西多，这是进化的结果。在时间前行的过程中，大象长得越来越高大，因为其身体庞大，其他动物便不敢来侵犯。

所有动物的血都是红颜色的吗？

很多人认为，不管是动物还是人，血液都应该是红色的。其实不然。各类动物血液的组成成分和生理状态是不同的，因此其血液也会呈现出不同的颜色。大部分脊椎动物的血液都是红颜色的，无脊椎动物的血液有的是蓝色或绿色等。

蚯蚓血液的颜色是玫瑰红，而生活在海中的墨鱼的血液是绿色的，至于虾和螃蟹，它们的血液像牛奶一样呈白色。

昆虫的血液中含有特殊的色素物质，这使得它们的血液能呈现出不同的颜色，如绿色、橙色、粉色等。

鲨鱼撞船是为了什么？

出海的渔民经常会遇到这样的情况：鲨鱼会在渔船边上撞来撞去，人们以为鲨鱼是想要将渔船弄翻。

事实上，鲨鱼在渔船上蹭来蹭去是有原因的，不单单是鲨鱼，一些其他的海洋大型动物也会蹭船。由于在海里的时间长，再加上其本身体形庞大，这些海洋大型动物的身上寄生着如贝、海藻、海蛎等寄生物，它们会因寄生物的存在而感到身上发痒，而其又无法给自己搔痒，于是当像鲨鱼这样的大型海洋生物看到有过往的船只出现时，就想用背部去摩擦船体给自己解痒。

如此看来，鲨鱼撞船并不是为了将船弄翻来吃船上的人，而是想找一个可以为自己解痒的方法。

老虎和狮子能生出狮虎兽，那么狗和猫能生出“狗猫”吗？

老虎和狮子在一起交配能生出狮虎兽，这是因为老虎和狮子同属于猫科动物，同科不同种，所以它们可以交配繁殖出幼崽。狮虎兽的特征是身上具有老虎的斑纹，但脸上会长出鬓毛。这么看的话，狗和猫能生出“狗猫”吗？答案是否定的。

因为狗和猫分别属于犬科和猫科，从遗传角度来讲，它们双方的生殖系统不同，是无法交配产崽的。

平时生活中我们见到的骡子，是马和驴交配生出来的。驴和马同属于马科动物，公马和母驴产的幼崽是“驴骡”，母马和公驴产的幼崽叫“马骡”。同科不同种的动物虽然能交配产崽，但它们的后代是没有生殖能力的，无法繁衍后代。

需要指出的是，在自然环境中，不管是马和驴，还是狮子和老虎，都不会主动地进行交配，它们都是在人工的帮助下交配的。

没有头的动物能活下去吗？

看到这个问题，也许很多人会说：“没有了头的动物怎么可能活下去啊？”但接下来的这个例子或许会改变那些人的想法。

美国的一个农庄里，农场主将自家的鸡屠宰好后准备卖出去。他将鸡的鸡头都砍了下来，将没有鸡头的鸡装入大篮子中，在最后清点数目的时候，他发现少了一只屠宰好的鸡。四下寻找后，在农场的草坪上，他发现了那只没有鸡头的鸡，它还在草坪上四处地溜达着。

这一幕让农场主大吃一惊，于是他开始喂养这只无头的鸡，给它注射食物。过了将近 20 个月，这只无头鸡才死去。

事实上，没有头还能活的动物除了这只无头鸡，还有很多，例如苍蝇、蟑螂、蚯蚓等，它们没有头仍可以存活几天，甚至更长时间。

第四章
吃喝冷知识特长班

真相竟然是这样的

干红葡萄酒和干白葡萄酒有什么区别？

“干红”和“干白”已经成了红葡萄酒和白葡萄酒的代称，要说起干红葡萄酒和干白葡萄酒的区别，很多人可能会这样认为，干红葡萄酒是由红葡萄制成的，而干白葡萄酒是由青葡萄制成的，但事实上，这种想法是错误的。

其实，干红葡萄酒和干白葡萄酒的区别在于加工方法的不同，因而在颜色上出现了红色和白色。通俗来说，干红葡萄酒是用皮红肉白或皮肉都是红色的葡萄经发酵制成的，采取的是皮、肉、汁混合在一起发酵，之后再进行分离酿制。对于干白葡萄酒来说，它选取的是浅颜色皮的葡萄，经过皮与汁的分离，留下果汁进行酿制而成的。

为什么要称为“干”呢？其实这是指在酿造过程中不添加水和香料等任何添加剂，直接用葡萄汁酿制而成的葡萄酒。干红葡萄酒的营养成分要比干白葡萄酒的营养成分高，干红葡萄酒的酒精度数在 17 度左右，而干白

葡萄酒的酒精度数在 9 度左右，从口感上是很容易分辨出的。

有不会变质的食物吗？

在日常生活中，因为没吃完而变质，不得不扔掉的食物有很多，造成了不必要的浪费。那么有没有不会变质的食物呢？科学家给出了肯定的答案。以下几种食物是不会变质的：蜂蜜、食醋、白糖、白酒和精盐。至于这些食物不会变质的原因我们逐个来看。

蜂蜜：蜂蜜中糖的含量非常大，能占到蜂蜜重量的 4/5 以上。蜂蜜中水所占的比重非常小，这使得细菌没有合适的生长环境，同时，蜂蜜中还含有一种抑菌的物质。

食醋：食醋自身就具有杀菌的作用，它是很好的保鲜防腐材料。制作好的食醋，用坛子密封好后放于地下，时间越久，味道越香。

白糖：白砂糖、绵白糖等俗称为白糖，它的结构内部水分少，不适合微生物生长，所以受到污染而变质的可能性极低。

白酒：白酒的酒精含量超过了 10%，具有消毒的作用。密封条件下的白酒能够保持长时间不变质的原因，在于微生物难以侵入和繁殖。

精盐：精盐的主要成分为氯化钠，性质稳定，我们平时吃的精盐如果不注意保存的话，碘的含量会减少，但精盐的品质并不会改变。

元宵和汤圆究竟有什么不同？

到了正月十五，南方人会说要吃“汤圆”，而北方人则说要吃“元宵”，汤圆和元宵指的是同一种食品，只是称呼不同吗？还是它们本身就是两种食品呢？

北方人嘴里说的“元宵”，内部是有馅儿的，其制作方法是：先将馅儿准备好，切成小块，然后倒入机器里，再往机器中倒入江米粉，机器开动后在其震动下，馅料变成了球，将江米粉粘到其表面，慢慢地就滚成了元宵。因此，这样做成的元宵表皮薄而干，用水煮过后才会吸收水分变稠。

南方的汤圆制作方法类似于包包子，先将糯米粉搅

拌揉好，做成皮，然后取适量准备好的馅料，将其用糯米皮包好。汤圆馅料的水分含量要比元宵多，而且表皮的水分也要比元宵的充足。

因吃冷饮而引起的头痛是怎么回事？

炎热的夏季，很多人都会以吃冷饮来为自己解暑降温。但有很多小朋友在吃过冷饮后会出现突然头痛的症状，这是什么原因呢？

专家研究后指出，吃冷饮确实能引发头痛，准确地说是“寒冷头疼”现象。人们在吃冰的东西时，上颌和神经末梢会受到强烈的刺激，大脑的血流方向会发生改变，因此会产生突然的头痛症状。

人们在吃冷饮时，因吃得过急过快比较容易出现头痛的情况，专家给出建议：在吃冷饮时要慢慢吃，假如出现了头痛的情况，一般情况下只要休息一会儿，这种情况就会消失。假如头痛的时间较长，可以喝些温水来缓解头痛。

鸡蛋竖着放置更容易储存？

家中的冰箱里都会有专门放鸡蛋用的塑料盒，我们会发现，鸡蛋都是竖着放置的。冰箱里的塑料盒之所以这样设计，一方面可以为我们拿取鸡蛋提供便利，另一方面还利于鸡蛋的储存保鲜。

鸡蛋内部的蛋黄中有黏液素，如果鸡蛋随便放置的话，黏液素就会在蛋白酶的作用下逐渐稀释，其对蛋黄的包裹力度就会减弱，容易出现散黄的现象。

假如我们在放置鸡蛋的时候将稍大的那一头向上，鸡蛋内气室里的气体就会让蛋黄远离蛋壳，这样可以降低出现散黄的概率。如果想延长鸡蛋的保存时间，可以拿纸巾将鸡蛋包裹住再储存。

为什么鱼肉比牲畜肉更容易变质？

如果我们买了鱼肉和牛肉，一般都会很快地将鱼肉先吃掉，因为鱼肉要比牛肉更容易变质，这是为什么呢？

专家经过研究得知，鱼的鳃和内脏里有很多的细菌，在鱼死后，利于细菌生长的环境会使得细菌大幅滋生，并且这些细菌的滋生速度是极快的。相比较来说，牲畜肉如猪肉、牛肉、羊肉等，通常都是在宰杀后经过放血、去内脏等处理的，所以被细菌污染的概率也大幅降低。

鱼肉的特殊结构也使细菌更容易在里面滋生，鱼肉被疏松的结缔组织分开为很多小的肌群，细菌更容易在这样的构造下侵入鱼肉内部，而牲畜肉被紧密的结缔组织围成一束束的，很牢固，细菌不容易入侵。

还有一点也是鱼肉更易变质的主要原因，那就是在水中生活的微生物，适应低温环境的能力较强，就算我们将鱼肉放入冰箱，细菌还是会在鱼肉内部滋生，进而使鱼肉变质。

有将昆虫当作美食的国家吗？

世界上大概有 100 万种昆虫，而将昆虫作为美食的国家也确实存在。其实，一些昆虫体内含有丰富的营养成分，如蛋白质、氨基酸等，而其脂肪和胆固醇的含量却很低。

油炸蚂蚱、火烤甲壳虫、水煮蝎子，这些菜名可能有很多人都没有听说过，但在某个国家，这些听上去恐怖的菜名却是大家很喜欢且常吃的美食，这个国家就是柬埔寨。在柬埔寨，很多外国来的游客会在街道两边看到很多卖小吃的小摊，小摊前一般都会有很多食客，而卖的食物绝对让你意想不到——蝉蛹、蟋蟀、蜥蜴、蚯蚓等被烹饪好后，分成小份儿出售。

在泰国，卖炸昆虫的食品店也非常多，那些令人“心惊胆战”的食物总能吸引很多人的眼球。南美洲的印第安人喜欢吃白蚁，而在我们中国的某些地区，也有用竹虫、蝉做成食物的。

反复烧开的水为什么不能喝？

反复烧开的水，也叫“千沸水”，很多人都知道喝千沸水不好，对身体有害处。水经过反复烧开后，水中的细菌等有害物质不是被去除得更干净吗？为什么不能喝呢？

这是因为水中含有微量的硝酸盐，水经过长时间加热和沸腾，会不断蒸发，水的重金属离子浓度和硝酸盐浓度也会相对增加。而且硝酸盐受热会分解变成亚硝酸盐，亚硝酸盐会破坏人体血液输氧的能力，让人感到呼吸困难，同时喝亚硝酸盐浓度高的水，会增加得癌症的概率。另外，重金属离子也是对人体有害的。

因此，我们最好不要喝反复烧开的水，它对人体有害无益。

耍酒疯是人类的“专利”吗？

人因为酒精的关系，在喝完酒后会做出大声讲话、乱走乱撞等耍酒疯的行为，耍酒疯是人类的“专利”吗？动物也有耍酒疯的情况出现吗？

印度的一个地区有个酒厂，大象会经常去那里偷酒喝，这令酒厂的工作人员们很是头疼。大象偷喝完酒后，会到居民区跑来跑去。而非洲野生动物园里也有类似令人头疼的情况出现：非洲象在吃了一种树上掉下来发酵的果实后，会出现醉酒的现象，它们会在动物园里跑来跑去，撞坏东西。

除了大象之外，猴子也是一种喜欢酒的动物。猴子比大象要聪明许多，它们会将葡萄等果实放到自己准备好的洞里，等这些果实发酵后，再食用。像大象、猴子等动物，在喝了酒或吃了发酵的果实后，也会做出耍酒疯的行为：它们四处乱跑，抑或动作迟缓，行走步伐不稳，也有的倒头就睡，什么都不知道了。

加了盐的糖水会更甜吗？

有人说：“要想糖水甜，就得加点盐。”这只是一句顺口溜，还是确有其事呢？如果按照这句话做过实验后，你会惊奇地发现，结果真如话里所说，糖水加少许盐后，真的变得更甜了。

究其原因，是因为人的味觉有一个特殊的地方，能用一种味觉来增强另一种味觉。比如甜点师在制作甜点时，就会在放好了白糖后，加入一些盐，这样做一可以节约糖的用量，二可以增加甜点的甜度。有些人在吃荔枝、菠萝或杨梅等水果时，会将这些水果泡在淡盐水中，这样既可以防止上火，也可以增加水果的甜味。

需要提醒大家的是，在糖水中加入盐时，一定要掌握好量，最好不要超过糖量的 5%，不然糖水就会变咸了。

松花蛋为什么不能放在冰箱里储存？

超市里的松花蛋多是整盒卖的，有的人一顿吃不了，喜欢将松花蛋放进冰箱里储存，认为这样可以延长松花蛋的保质期。其实这种做法是错误的，这么做不仅不能保存松花蛋，而且还会改变松花蛋的口感，降低其美味度。

松花蛋属于碱性物质，是一种胶状体，内部含有少量水分。如果将松花蛋放进冰箱冷藏或冷冻的话，其内部的水分会结冰，等把松花蛋从冰箱里拿出来吃的时候，结冰的部分就融化了，其胶状体就会变成蜂窝状，口感大不如前。

在低温下，松花蛋蛋黄的颜色会改变，口感会变硬，味道偏咸，与正常的松花蛋有很大的差别。假如我们一次不能将一盒的松花蛋都吃完，可以用保鲜袋将松花蛋装好，袋口系紧，放在常温下保存，这样可以保证松花蛋几个月口感不会变。

吃下尖的金属物会出现胃穿孔吗？

一天，医院来了位女病人，她见到医生就说自己肚子疼得厉害。医生在给她照了 X 光片后发现，她的胃里竟然有差不多一千个金属异物，原来这位女病人有吃金属物的习惯。

吞下诸如橡皮擦、瓶盖、玻璃弹珠等异物是非常危险的，尤其是像缝衣针这样细小而尖利的物体，对于身体来说危害很大，有时会造成生命危险。

如果你误吞下异物后，胃部传来刺痛感，要马上到医院进行检查，确定异物的位置及造成的伤害程度，必要时需要用手术疗法。

金属异物进入胃部后，与胃内的胃酸相遇会释放出有毒物质，破坏胃黏膜，有甚者会造成胃穿孔。虽然吞下尖锐的金属物不一定造成胃穿孔，但其与胃酸作用后生成的物质很有可能导致胃穿孔。

酒能成为入睡的“催化剂”吗？

很多人认为，在晚上睡觉前喝点酒，可以使人更放松，从而更快地进入梦乡。其实，这种做法是不对的，尤其对于那些睡眠质量本身就不好的人来说，更是不适合睡前喝酒。专家指出，我们在上床前 4 个小时到 6 个小时以内最好不要喝酒。

虽然入睡前喝些酒确实可以起到麻痹神经的作用，使大脑的中枢神经受到抑制，让人对外界的刺激变得迟钝，但同时需要注意的是，酒精会促进血液循环，大脑皮层也会因此而进入兴奋状态，就算人睡着了，但睡眠深度不够，容易醒过来，醒来后再入睡就困难了。

靠着酒精而进入睡眠和正常生理性入睡是不同的，酒后醒来，人会感到头痛、头晕，如果因喝酒过多而醉倒的话，会因口渴烦躁而醒来，醒后就很难再次入睡了。

因此，酒不能成为入睡的“催化剂”，我们要调整自己的心态，平时加强锻炼，这样才能提高我们的睡眠质量。

“宫保鸡丁”还是“宫爆鸡丁”？

有一种菜，在各家饭店的菜谱上，写法不同，有的写为“宫保鸡丁”，有的则写成了“宫爆鸡丁”，那么究竟哪个是正确的呢？

其实，这道菜正确的叫法应为“宫保鸡丁”。因为有的人认为这道菜是爆炒而成的，所以叫其为“宫爆鸡丁”。

光绪年间，四川总督丁宝桢，正是这道宫保鸡丁的发明者。丁宝桢擅长烹饪，尤其喜欢吃鸡肉和花生米，并且很能吃辣的食物。丁宝桢在四川上任期间，空闲时自己发明了一道菜，他将鸡肉切成丁，然后与干红辣椒、花生米一同下锅进行爆炒，没想到竟然得到了一份意外的惊喜。这道菜原本只是丁宝桢的私房菜，但后来流传得越来越广，甚至传遍了整个中国。

丁宝桢上任期间为官正直，廉洁勤政，在四川有很大的功绩，所以朝廷上将其追赠为“太子太保”，虽然只是荣誉官衔，但也在向外界宣告着丁宝桢的人品和官品是很好的。大家也正是借此官衔，叫这道菜为“宫保鸡丁”。

泡方便面为什么要用3分钟呢？

方便面是大家所熟知的食物，它之所以是卷曲的，和它的制作工艺有关。而且，卷曲的方便面更利于进行包装，在用水泡的时候也能更均匀地受热。

很多人会问，为什么泡方便面的时间为3分钟呢？标准为2分钟或5分钟不行吗？事实上，3分钟的等待时间能让人感到更饥饿，所以在吃方便面的时候会觉得更美味，通俗地说就是吊起人的胃口，这是方便面的发明人安藤百福给出的答案。

方便面的营养成分不高，大部分方便面属于油炸食品，其中还含有防腐剂，人们应该少吃为宜。

为什么吐司面包落地，都是涂抹奶油那面先着地呢？

很多人有过这样的经历，在吃吐司面包时，不小心将其掉落在地面上，总是涂抹奶油的那面先着地。这是件很让人郁闷的事，为什么总是出现这样的情况呢？

专家做过专门的实验，发现面包无论是从手中滑落，还是其从桌子边缘掉落到地上，有 78%会是涂有奶油的那面先着地。这是因为，面包从手中滑落或从桌子边缘滑落的那一瞬间，一部分的重心已经在手或桌子外面了，所以面包在下落过程中并不是垂直落地，而是处于旋转状态中。面包虽然处于旋转状态，但是速度不快，不能完成完整的空中滚翻，想要提升面包降落的速度，进而使没有涂抹奶油的那一面先落地，就要提高面包掉落时离地面的高度，且最少要达到 3 米高。对于普通家庭来说，不可能用到 3 米高的餐桌。所以一般情况下，吐司面包落地时，总是涂抹奶油那面先着地。

盐除了可以吃以外，为什么还能用来化雪和防结冰？

北方的冬天，下过雪之后高速路上行驶的车辆都是小心翼翼的，因为路上有雪，道路滑，经常出现交通事故。相关的工作人员此时会在覆盖有雪的路面上撒盐，这样做不仅可以使得雪融化，而且还可以防止雪结冰，这究竟是怎么回事呢？

水的冰点是 0℃，高于这个温度，冰就会化成水，低于这个温度，水就会结成冰。如果水溶液中盐分的含量超过了 20%，那么这个溶液的冰点就会降低到 -16℃。

雪即使是在温度高于 0℃ 的环境中，也不容易化成水，在雪表面撒上盐之后，只要雪稍微融化一点，盐就能将雪水吸收并形成盐水溶液，因为盐水溶液的凝结点比水要低很多，所以能在同样的温度下不容易凝结成冰，在这样的条件下，雪就会不断地被融化，道路的安全性也就大大提高了。工作人员正是利用了这一物理特性，所以用盐水来化积雪，防结冰。

“四菜一汤”是怎么来的?

从字面上来理解“四菜一汤”的话，说明一顿饭，餐桌上有一碗汤和四样菜。古代皇宫历来给人无尽奢华的感觉，但大家可能想象不到，这朴素的“四菜一汤”居然是明太祖朱元璋提出来的。

朱元璋称帝后，地方百姓的生活并不富裕，反过来，官员家庭却过着奢侈的生活，天天酒肉不断，夜夜笙歌。朱元璋对于官员的这些行为非常反感，决定要治理这种现象。一次，正值皇后的生日，朱元璋在皇宫设宴，四面八方的官员都聚集到京城来祝贺。等大家落座后，朱元璋让宫里的人将菜端上来，第一道菜是素炒萝卜，第二道菜是炒韭菜，接下来是两大碗青菜，最后是一大碗豆腐汤。朱元璋解释了菜的含义，他说这些菜既对身体有好处，而且还象征着廉洁清明。

大臣听完朱元璋说的话，明白了他的用意，朱元璋也趁热打铁地说道：“今后官员请客吃饭，最多只能以‘四菜一汤’的标准来进行招待，如果超标，将追究到底，严惩不贷。”从那之后，“四菜一汤”的规矩就从朝中传向了民间，同时对加强政府内部的清廉也起到了很大的作用。

“桃李”为什么会成为学生的代称？

桃子和李子是两种水果，很受人们的喜爱。从很久以前开始，人们就喜欢将“桃李”代称为老师培养教育出来的学生，如果老师教龄时间长，教的学生多，就会说这个老师“桃李满天下”，这个说法究竟是从何而来呢？

春秋战国时期，有一个叫子质的人知识很渊博。子质是魏国人，因为某事得罪了魏文侯，怕遭到报复，于是逃亡到了北方的朋友家避难。朋友家生活条件一般，子质不想给友人添过多的麻烦，于是他提出想开办个学堂，招收些想读书的孩子。友人很赞成，为他提供了场地，子质就真的开办起了学堂。子质不看学生家庭贫富，只要是想学的孩子他都收在门下。学堂的院中有两棵树，一棵桃树，一棵李子树，所有来学习的孩子都要先在两棵树下拜子质为先生。子质也会告诫这些学生，一定要努力学习，像院中的两棵树一样开花结果，为国家做出贡献。

子质学风严谨，他教出了很多有本事的学生。随着时间的推移，学生们也从当年的孩童长大成人，他们为了感谢老师，都在自家院子里种上了桃树和李子树。子质在后来的游学途中，遇到了当年教过的学生，也看到了他们家中种的这两种树，于是他说道："我的学生真是桃李满天下！"从那之后，"桃李"就成了学生的代称，学生众多便被称为"桃李满天下"。

美味炖鸡肉竟然也会成为"媒婆"？

清炖鸡肉味美又有营养，就是这样一道美味，竟能成为男女走向爱河的媒介。

在苏丹有一个叫作丁卡族的群体，族里的女孩儿到了恋爱的年龄会在家里炖好鸡肉拿到集市上去卖。女孩儿看上去是在卖鸡肉，其实不然，她们是在等待自己喜欢的男孩儿出现。如果意中人出现，女孩儿就会收拾起东西，和意中人找个景色优美的地方谈情说爱；但如果面对的是自己不喜欢的男孩儿，女孩儿会将炖鸡肉的价格抬得很高，甚至很离谱，这时知趣的男孩儿就会离开了。

除了鸡肉外，牛也在丁卡族人的婚事上起着举足轻重的作用。衡量一个人家是否富有的标志就是看这家有几头牛。当地有“先有牛后娶老婆”的说法，如果家中没有牛的话，男人要想娶到媳妇是很难的。男方给女方下的聘礼一定会有牛，至少要准备 20 头牛才算合格。

“热狗”的名字是怎么来的？

热狗是很多人爱吃的一种食物，将热狗夹在香气扑鼻的面包里，再抹一些芥末或番茄酱，真是想想就会让人情不自禁地开始流口水了。

热狗里面并没有狗肉，那它的名字是怎么来的呢？其实它源于一次在漫画上错误的拼写。20 世纪初，细长的香肠在美国还属于新鲜物，人们用各种各样的名字来称呼它，其中一个很有意思的名字是“德希臣狗香肠”。

德希臣狗是一种长体短腿的狗，因为它身体的形状和香肠的形状差不多，所以有人用这种狗的名字来代称香肠。一次，在竞技比赛中，漫画家多尔根正在观看激烈的比赛，这时他被旁边小贩的叫卖声吸引过去，他看到了如德希臣狗般形状的香肠，顿时灵感来袭，画了一幅漫画，画中是抹了芥末的面包夹香肠。但因为多尔根忘记了德希臣狗中的“德希臣”三个字怎么写，所以他只写了个“狗”字，于是漫画中小贩叫卖的内容便成了“快来买热狗”。从此之后，这个虽说是错误的拼写却在市民中流传开来，并一直用到今天。

“寒食节”是怎么形成的？

我国的传统节日中有个叫“寒食节”的节日。在古代，寒食节当天，人们是不能点火做饭的，大家都禁火而吃冷食。为什么寒食节这天要有这样的习俗？而寒食节又是怎么形成的呢？

民间流传最广的一种说法是，寒食节是为了纪念春秋时期晋国的介子推而形成的。当时晋国公子重耳逃亡在外，不离不弃伴其左右的就是介子推。有时环境恶劣，重耳几天都没有吃的，介子推竟然用刀将自己腿上的肉割下来给重耳充饥。之后，重耳做了国君，却忘记了当初介子推为他付出的一切，奖赏时并没有想起介子推。介子推后来和母亲隐居在深山中，任凭醒悟的重耳如何劝说也不走出山林半步。重耳想通过放火烧山的方式逼迫介子推从山里走出来，没想到介子推宁愿和母亲活活被火烧死也不走出来。后悔万分的重耳为了纪念介子推，将介子推隐居的山命名为“介山”，并要求全国在介子推去世的那天不能生火做饭，只能吃冷食。

古人们十分敬重介子推的气节，于是寒食节的习俗被流传了下来，介子推去世的那天也逐渐变成了一个传统节日。

味精有度数，你知道吗？

“味精也有度数？谁说的，我可不相信。”也许很多人都会这样说。味精确实不像红酒和白酒那样里面含有酒精成分，但它确实有度数。

味精有鲜度，鲜度是由谷氨酸钠的含量决定的。因此味精的鲜度，也就是谷氨酸钠在味精里所占的百分比，它和酒类饮品衡量酒的度数是一样的。从谷氨酸钠所占味精的比重来看，目前市面上主要有两种味精在销售，一种是度数为 80 度的味精，另一种则是 99 度的味精。80 度味精代表谷氨酸钠的含量占到了 80%，而 99 度味精则表示谷氨酸钠的含量占到了 99%，因此这种味精也叫作纯味精。

嗑瓜子是中国人的“专利”吗？

在我国，过春节的时候，每家都会准备些瓜子用来在闲暇时消遣，但我们却很少能看到外国人嗑瓜子，难道嗑瓜子是中国人独有的现象吗？

国外也种有向日葵，但像中国人这样嗑瓜子的人却非常少，外国人不会像我们这样在没事时抓一把瓜子来嗑。外国人，尤其像欧美人，他们更喜欢吃能够用手剥壳吃的坚果，而不习惯直接将带壳的东西放在嘴里咬。我们从美国的超市中就能看出些端倪，那里卖的瓜子都是直接卖瓜子仁的。

向日葵产量很高的哥伦比亚，那里的人居然也不喜欢嗑瓜子，他们觉得瓜子的皮太硬，吃起来麻烦。那里的人们将向日葵压榨成葵花油，或作为鸟类的食物。

现在，随着国际交流的频繁，国外的一些人也开始嗑瓜子了，所以按现在来说的话，嗑瓜子已不是中国人的“专利”了。

喝酒前碰杯为哪般？

朋友聚会或家人聚餐时，大家会在喝酒前先碰个杯，气氛立马就会被带动起来，那么为什么喝酒前要先碰杯呢？关于这个问题，有两种说法流传得最广。

第一种说法，古希腊人开创了碰杯的先河。古希腊人觉得喝酒是一种享受，从五官来讲，鼻子能闻到酒香，眼睛能看到酒的颜色，舌头能尝到酒味，手能触碰到酒感，只有耳朵没有加入到享受的行列中来，于是古希腊人发明了碰杯，让碰杯的声音传入耳朵，这样五官就全都能享受到酒带来的乐趣了。

第二种说法，古罗马人是最先开始喝酒前碰杯的。古罗马人尚武，常有展现武力的竞技比赛。比赛开始前，参赛人员要先喝酒，用以表达对对手的敬意。为了防止酒被事先下毒而影响公正性，所以参赛的人要将自己杯中的酒倒入对方杯中一些，这种做法渐渐演变成了碰杯。如今，喝酒前碰杯已成为一种餐桌上的礼仪文化。

有不让吃口香糖的地方吗？

很多人喜欢吃口香糖，尤其是有的年轻人更是每天都要吃。试想一下，如果说有个地方不允许你吃口香糖，你会相信吗？很多人可能会摇头，但真的就有这样的地方存在。

新加坡素有“花园城市”之称，这表明它是一个十分干净且让人赏心悦目的城市。如果你到新加坡游玩，会发现一个现象：那里的超市或商铺都不卖口香糖。20世纪90年代，口香糖给新加坡造成了严重的环境污染，环卫工人要想清除掉地上的口香糖，要费很大的功夫。而且，政府也担心一些缺乏公德意识的人乱丢口香糖残

渣，会影响地铁和电梯的操作。因此，在 1992 年，新加坡政府宣布，进口、销售和制造口香糖在新加坡属于违法行为，对于走私口香糖的人将会给予重罚。

在如今的新加坡，街道两旁仍然可以看到不准吃口香糖的标语，就算是外来的游客，如果违反了规定，也会受到严厉的惩罚。

不过，近些年，新加坡卫生部批准了一些利于身体健康种类的口香糖可以在药店内销售。这些口香糖有的是护齿的，有的则可帮助人们戒烟。但人们在购买口香糖时要登记姓名和身份证号。

鱼香肉丝里为什么没有鱼肉？

鱼香肉丝是川菜中有名的一道菜，无论南方人还是北方人都很喜欢吃。可有趣的是，从菜名来看，鱼香肉丝这道菜中应该有鱼肉，但事实上却没有，这是为什么呢？

这得从鱼香肉丝这道菜的来历说起。在很久以前，四川的一户人家喜欢在做鱼吃的时候加入葱、姜、蒜、醋、酒、酱油等调料来去除鱼的腥味。一次，主妇在做菜时剩了些做鱼的调料，为了避免浪费，她将这些调料同一些杂七杂八的菜做了另一道菜，没想到的是，客人们对于这道偶然发明的菜竟大加称赞。这道用做鱼的调料来炒成的菜就开始被人们叫作“鱼香炒菜”了。经过时间的推移，四川人对这道菜慢慢进行了改进，最后便有了现在的鱼香肉丝、鱼香猪肝、鱼香茄子等家喻户晓的菜。

土豆变绿为什么就不能吃了？

土豆是人们常吃的食物，但如果土豆存放时间太久的话，表面会变绿并长出芽，这种土豆是坚决不能食用的。因为，变绿了的土豆会含有大量的龙葵素，这是一种有毒物质，对人的身体有很大的危害。正常的土豆龙葵素的含量非常少，对人体基本没有什么影响，但如果土豆没有成熟或变绿了之后，龙葵素的含量是很大的。

龙葵素能破坏人体的红细胞，出现溶血反应，严重的甚至会引起脑水肿，导致死亡。如果一次摄入龙葵素的含量过多，人会出现严重中毒的反应。吃土豆时如果感到口中有麻木感，要马上停止食用，这说明土豆中的龙葵素含量较高。

我们在清洗土豆时，要先将皮削干净，因为土豆的表皮中含有很多的龙葵素。清洗过后，将土豆切成块放入水中浸泡 30 分钟左右，这样可以将残留的龙葵素溶解在水中。在烹调时，可以放入些醋，醋具有解毒的作用。

“炒鱿鱼”这道菜是怎么变成解雇别称的？

鱿鱼的营养价值高，它的烹调方法有很多，爆炒鱿鱼便是很受欢迎的一道菜。鱿鱼在烹饪前通常呈现扁平状，在爆炒之后会变成小卷，辅以作料后味道鲜美。那么“炒鱿鱼”这道菜究竟是如何同解雇联系起来的呢？事实上，这与旧社会的雇佣关系有关。

那个时候的工人都没什么权利，雇主最大，说解雇谁，谁就得马上走人，没有商量的余地。老板找来的工人，都是自己带着行李来的，一旦被解雇，只能卷好被褥走人。被褥卷起来的样子同鱿鱼被炒后的样子有些相像，所以有人就用“炒鱿鱼”来代称被解雇了。

现在职场上说的“炒鱿鱼”具有两个含义，一个是老板辞退员工，另一个则是员工“炒”了老板，也就是主动辞职。这说明现在的法律对于员工的权利有了很好的保障。

吃饭后不能做的事情有哪些？

很多人习惯在吃过饭后喝上一杯茶，但殊不知，这么做不仅会冲淡胃分泌的消化液，也会让茶叶中的物质与食物中的蛋白质和铁相结合，产生不易吸收的沉淀物质，时间久了人会出现缺铁性贫血。除了喝茶，饭后不宜做的事还有以下几种：

抽烟。吃过饭后，胃部的血液循环加快，毛细血管扩张，烟里面的有害物质更容易被吸收，饭后吸烟产生的危害是平时吸烟的十几倍。

吃水果。水果中含有黄酮化合物，会与蔬菜中的硫氰酸盐发生化学作用。如果经常在饭后吃水果，有可能导致非碘性甲状腺肿。

饮水。饭后不宜马上喝水，因为胃部的食物此时还处于消化中，喝水会增加胃部的负担，同时还会稀释胃液，时间长了容易患胃肠道疾病。

洗澡。洗澡不宜在饭后进行，皮肤的毛细血管在洗澡时会处于扩张状态，使胃部的血液循环受到限制，进而影响消化系统的正常工作。

做饭菜为什么要说成是“下厨房”而不是“上厨房”呢？

平时我们经常会说到或听到“下厨房”，这个“下”字是怎么来的呢？有两种流传较广的说法：第一种说法是古代人家里的正厅通常情况下都是高于地面的，而厨房相对来说则处于地势较低的地方，这样就出现了“下厨房”的说法；第二种说法是说古时候女人的地位低下，洗衣烧饭这样的家务事都是由女人来做的，所以才会叫作“下厨房”。

同“下厨房”相类似，我们在日常生活中经常会说“上厕所”，为什么不能叫作“下厕所”呢？因为早期人类习惯将厕所建于高处，睡觉的地方建于低处，这样有利于臭气上升散去，不影响人们生活，因此是“上厕所”。在某些农村地区，会将厕所建于离住宅较远的地方，并分为上下两层，上层为方便的地方，下层为粪池，所以叫作“上厕所”。

第五章
人体冷知识特长班

完完全全被这个问题打败了

人的屁能用火点着吗？

人的大肠中有很多的微生物，在微生物的作用下，大肠内部的食物残渣会经过发酵而产生类似沼气的气体，我们吞下的空气进入大肠后就和这些类似沼气的气体混合在一起，这样就产生了屁。现在网上的有些综艺节目里，有人通过对肛门的控制，可以用屁来制造出各种高低不同的声音，令人捧腹大笑之余也心生佩服。

人的屁中含有氢、氧、氮、二氧化碳和甲烷等成分，氢和甲烷是可燃的。但大家不用害怕，只放一个屁是不能被点着的，要想将屁点燃得先搜集好大量的屁才能办得到。

从手指上的“斗”居然能看出一个人的体育天赋？

民间有这样一首歌谣：“一斗穷，二斗富，三斗四斗卖豆腐，五斗六斗开当铺，七斗八斗坐着走，九斗十斗干享福。”这歌谣中的“斗”其实就是人的指纹中的一种。人的指纹分为斗纹、箕纹、弧纹。斗纹大体上为多层圆圈状，基本上没有开口的地方；箕纹的外围有开口，呈现出来的是像水流一样的纹路；弧纹的形状像山峰。

专家经过研究发现，指纹里面隐藏着人类丰富的遗传信息，尤其是对于运动员的挑选，指纹是可以起到参考作用的。一些专家提出，手指上“斗”较多的人身体协调性一般较好，适合做体操运动员或篮球运动员。而孩童的体育天赋也能从他们的指纹上看出来，有的国家在 20 世纪 70 年代就已经开始用指纹作为选拔运动员的一项标准了。

除此之外，指纹还可以在医学上作为染色体异常或先天性遗传疾病的辅助诊断手段。越来越多的科学家加入到指纹研究的大军中，日后关于指纹的研究必将取得更大的进展。

聪明与“绝顶”真的有关系吗？

我们经常会用“聪明绝顶”来形容一个人智商高，而巧的是，很多极其聪明的人确实是秃顶的。专家经过研究调查发现，平时生活中那些秃顶的人，体内的雄性激素大都分泌旺盛，这种物质能促进人的右半脑的发育。人的右半脑主要负责理性逻辑思维，所以一些秃顶的人确实很聪明。

秃顶的人一般都显得精力比较旺盛，这和雄性激素较多也有关系。但大家千万不要认为聪明的人都会秃顶，这是错误的想法，我们说的只是秃顶的人大都比较聪明。

似曾相识感，你有过吗?

不知道大家是否有过这样的感觉，在某一个刹那，你会对你所在的地方或所见到的东西有一种似曾相识的感觉，这是怎么回事呢?

有人说这是之前做过的梦在现实中再现了出来，也有人说这是前世的记忆。心理学家对此给出了权威的解释，人之所以会出现似曾相识感，是因为一些无意识记忆造成的。我们从小到大，都会无意识地将看到的东西或场景记录到大脑中，等日后在经历相似的场景后，脑中那些与现状相匹配的信息就会自己跳出来，让我们产生似曾相识的感觉，这在心理学上叫作“昨日重现”

现象。

经常外出旅行、出差或学识较高的人更容易体验到这种似曾相识感，而人们在压力大或疲劳的状态下也容易出现这样的感觉。从青少年时期开始，这种感觉会随着年龄的增大而逐渐降低。

狼人真的存在吗？

传说每到月圆之夜，狼人就会兽性大发，到处袭击人。以前年老的人也会告诉小孩儿，在月圆之夜不能到处乱跑，否则会被狼人抓走。大家口中相传的狼人，在平时跟正常人没什么分别，但到了月圆的晚上，狼人就会长出尖利的牙齿和长长的毛，模样十分吓人。

在中世纪的欧洲，因为有很多人相信狼人的存在，大家都生活在恐慌中，有很多人因为体毛较重、较长，而被指控为狼人进而被处死。

其实大家不用担心，像狼人、吸血鬼、幽灵等，都是人们编造出来的，并不是真实存在的。

人冷了为什么牙齿会“打架”？

我们平时在受冷之后，牙齿会咯咯地在一起“打架”，等身体暖和起来，这种牙齿“打架”的现象也会随之消失，这是为什么呢？

人的牙齿会对外界的环境变化做出相应的反应，一般来说，人的体温保持在37℃左右，这个温度下，人的器官处于最佳工作状态中。如果温度骤降，大脑就会向身体发出指令，这时全身的肌肉开始快速活动，为的是能为身体产生热量，也就是平时我们所感觉到的全身发抖。脸部的肌肉也会参与到这场肌肉快速活动的“大战”中，在脸部肌肉的带动下，我们的牙齿就咯咯地“打架”了。

人的眼睛能感觉到温度的变化吗？

在寒冷的冬天，我们会戴上帽子、口罩和手套，穿上厚厚的衣服，身体基本上都被包裹住了，但只有眼睛裸露在外。这样做当然是为了看清眼前的一切，但细想之后会发现，我们的眼睛好像没有感觉到冷过。

原因在于，眼球的表面只有负责视觉和痛觉的神经，并没有感知温度的神经存在，所以眼睛能看清外面的世界，也能感受到疼痛，但却感受不到温度的变化，即不觉冷暖。另外，眼球的角膜没有血管，因此其散热很慢，所以眼睛通常不会怕冷。

什么样的人容易被催眠?

在看一些电视节目时，我们会看到催眠师将一些人催眠后的场景。被催眠的人在催眠师的指令下，乖乖地做各种动作，甚至在催眠师的要求下将木棍当作巧克力棒来吃。

“这些人可真笨，要是我的话可不会被轻易催眠。”有些人或许会这么说。其实是否容易被催眠与智商高低是无关的，容易被催眠的体质是天生的。

通常来说，那些在听音乐或看电影时，就算周围再嘈杂也不会分散他们的注意力的人，是容易被催眠的。此外，容易相信他人、想象力丰富的人也容易被催眠。

都说“男孩儿像妈妈，女孩儿像爸爸”，真的是这样吗？

从遗传学的角度来说，这种说法是没有任何证据支撑的。很多人都相信“男孩儿像妈妈，女孩儿像爸爸”，那是因为他们并没有认真思考过，而是被一些表面的现象所蒙蔽。

人们大都认为男孩儿更愿意跟妈妈在一起待着，而女孩儿更愿意跟爸爸亲近，所以这种惯性思维逐渐发展，最后演变成了“男孩儿像妈妈，女孩儿像爸爸”的说法。其实，无论是男孩儿或女孩儿，都继承了爸爸和妈妈的基因，他们都长得既像爸爸，也像妈妈。

人不睡觉的话还能活下去吗？

法国有个作家，他在小的时候因为遭受过意外伤害而使脑部受损，从那之后就再也睡不着觉了，一直到他去世，他足足有 70 年左右的时间没有睡过一次觉。

一般情况下，正常的人如果 3 天不睡觉，就会因过于疲惫而无法进行日常的生活。

连续 5 天以上不睡觉，人就会出现萎靡不振、精神涣散等情况。长期不睡觉，大脑的疲劳无法得到缓解，生活和工作都会受到影响。如果不睡觉的时间过长，超过了人所能承受的范围，还有可能造成人死亡。

自己嘴里的异味为什么闻不出来呢？

口腔有异味困扰着很多人，这个问题会影响他们的交友及工作。但大家或许注意到了，有口腔异味的人自己却闻不出嘴里的异味，而他身边的人对这种味道却很敏感，一旦闻到都会“敬而远之”。

为什么我们能闻出别人嘴里的异味，而自己口中的味道就闻不出来呢？原因在于，人的口腔后边的软腭部分是与鼻腔连接在一起的，鼻子是闻不到口腔后部的异味的，同时，嘴里的味道一直都在扩散中，我们的鼻子对这种味道已经习惯了，所以也就觉不出来有异味了。

要想知道自己的嘴里是否有异味，不妨试试下面的这个方法。往空杯子里吹几口气，然后将杯口盖住。深呼吸几次后，马上闻杯子里面的气味，这样就可以检测出自己口中是否有异味了。

关于指甲的生长速度你知道多少？

指甲是人的皮肤的一部分，它是表皮细胞角质化后堆积而成的物体。指甲生长的速度受到很多方面的影响，下面我们就来大体地介绍一下。

一年当中，夏天指甲的生长速度要比冬天快。而一天之中，白天指甲生长得快，晚上生长得慢。

经常摩擦指甲也会促进指甲生长，如果你是右利手的人，那么右手指甲的生长速度就会快于左手。经常修剪的指甲长得也快，总是不剪指甲的话，指甲的生长速度是很慢的。

手指长度不同，其指甲的生长速度也不一样，一般来说，手指越长，指甲长得越快。中指和食指的指甲要比小拇指的指甲长得快很多。

一般来说，成年人的指甲，平均一个星期会长出 1 毫米到 1.4 毫米，这比脚趾指甲的生长速度快 3 倍以上。

另外，如果人的心情愉悦，指甲会很光滑且有光泽。心情不好时，局部血流减少，指甲的养分也随之降低，指甲会显得暗淡无光。

在大海上如果没有淡水，人还能活下来吗？

有个叫怀乐德的人，在无淡水的情况下生活了 64 天，坐着橡皮艇在海上航行了 4000 多千米。令人钦佩的怀乐德在返回陆地后，对众人说出他是如何生存下来的：“没有食物，我就钓鱼来吃，口渴得厉害时，我就从鱼的眼睛里吸些水分。如果口渴得实在受不了了，我就喝一点点海水。”

怀乐德的经历证明，人在缺少淡水和食物的情况下，也可以在大海上活下来，而像怀乐德这样在海上遇险却安然无恙活下来的人也不在少数。因为人在缺少食物和淡水的情况下，会将体内的脂肪作为供给身体所需的能量。

但最重要的是，我们要保持住坚定的信念，这样才会在险恶的环境中生存下来。

为什么喝了啤酒之后总想上厕所？

大家可能都有这样的体会，每次喝完啤酒后，总忍不住想往厕所跑。为什么会这样呢？其实，啤酒本身就具有利尿的作用，喝完啤酒后经常去厕所属于正常现象。

啤酒中含有水，喝啤酒的同时也就意味着在喝水，水喝多了自然会有想去厕所的感觉。成人的膀胱能够储存 200 毫升左右的水分，但喝酒后对胀尿的刺激感降低，大约到 400 毫升时才会有去厕所的想法，这也是喝完啤酒后小便量增多的原因。

酒精能扩张血管，血液循环也会得到加强，频繁想去厕所的感觉就产生了。不管怎么说，喝完啤酒后想去厕所的感觉是正常的，大家不用过分担心。

胃是如何防止胃酸侵蚀的？

胃酸里含有水、盐酸、胃蛋白酶等，食物进入胃部后，胃酸会对食物进行分解和消化。胃酸具有很强的腐蚀性，那么胃部是如何防范胃酸对其的侵蚀的呢？

医学家经研究发现，随着食物一起进入胃部的唾液中的黏蛋白，会在胃酸的作用下沉淀，在胃的表面形成一层保护膜。通常情况下，食物在胃中要消化 4 个小时，这期间食物会与胃液充分地混合在一起，形成细小的食糜，最后会被送入到小肠内。在食物与胃液充分混合的过程中，胃部本身也在分泌着黏液来中和胃酸，这也能保证胃酸不会腐蚀胃部。如果胃部的这种黏液分泌不正常的话，人就会有胃酸、胃痛感。

为了防止胃酸的侵袭，胃黏膜的细胞也在不停地更新。胃壁细胞会在每分钟脱掉 50 万个，以此计算，胃黏膜层会在 3 天内全都更新一遍。胃黏膜在受到轻度损害的情况下，也会在短时间内进行自我修复。

双胞胎的指纹也是一样的吗？

同性别的双胞胎若穿着同样的衣服，陌生人是很难分辨出谁是谁的。但就算是同卵双胞胎，长得再相像，他们的指纹也不会完全相同。

双胞胎宝宝在妈妈肚子里的第十二周时，开始形成指纹，因为妈妈肚子里让双胞胎宝宝们生长的胎盘环境略有不同，这就造成了双胞胎宝宝们指纹的不同。

世界上有相同指纹的人是凤毛麟角的，人的指纹一旦形成，终生都不会发生改变。指纹的这种特性，被广泛地应用在了安全领域，现在的指纹锁就是个很好的例子。房子的主人只要通过指纹验证就能进入房间，省去了带钥匙的麻烦。除此之外，警察在抓捕犯人或在犯罪现场确定凶手时，也都对指纹特别关注，通过指纹识别，可以更快更准确地将案件破获。

人的血型为什么不是ABC，而是ABO?

从英文字母顺序来看，A之后是B，B之后是C，但血型的排列并不是按照英文字母顺序排的，血型B后面跟着的是O，这是为什么呢?

20世纪末期，奥地利病理研究员兰德施泰纳发现了血清对于不同人类个体的红细胞具有凝聚的作用。假如将从不同的人那里取的血清和红细胞进行配对的话，会得到A、B、O三个组。当时的O型中的“O”并不是英文字母，而是数字“0”，它的意思是这种血型没有反应，反应为0。

之后，兰德施泰纳的学生又发现了第四组，即AB组，因此血型就有了四种，这四种血型学说在全世界范围内广泛地传播开来。在以文字形式记录的传播过程中，有的人将数字“0”看成了是字母“O”，这个偶然的错误竟得到更多人的认可。于是在1927年的一次国际会议上，将血型分类正式确定为了A型、B型、AB型和O型。

人能承受的最高气温为多少度？

夏季时，很多人因为高温会身体不适，那么人所能承受的最高温度到底为多少呢？随着气温的升高，人体都会有哪些方面的不适呢？

专家指出，人最适合在25℃到30℃的气温之间生活和工作，气温达到33℃以上，就会给人的正常活动带来影响。

（1）当气温达到35℃时，人会出现心跳加快，血液循环加快的现象，对于年老的人和婴幼儿来说要进行降温处理，不然身体会出现不良症状。

（2）当气温达到36℃时，人的排汗量增加，人体会将钠、维生素和一些光物质代谢掉。这个时候要及时补充含有盐、维生素和矿物质的饮品。

（3）当气温达到38℃时，人的心肺等内脏也会参与到人体的降温活动中来，肺部会通过急促的呼吸来将热量排出来，心脏会输出大量的血液，参与到体表降温中。体质较弱的人有可能会出现中暑的情况。

（4）当气温达到39℃时，人若在此种温度下长时间工作，可能会出现心脏衰竭等病症。

（5）当气温达到 40℃ 时，人会感觉眩晕，平衡力会出现问题，要想站稳的话会很吃力。

（6）人体所能承受的最高温度为 41℃ 到 42℃，长时间待在这种温度环境下，人的生命会受到威胁。人的脏器和循环系统会慢慢停止工作，抵抗力或体质较差的人有可能会死亡。

为什么眉毛不像头发那样可以长得很长？

从作用的角度来说，人的眉毛具有阻挡汗水从额头流入眼睛的功能，而头发具有防寒的功能。如果眉毛像头发那样长，就会挡住眼睛，影响视线了。

人体毛发的生长长度，主要是由生长出毛发的毛囊的大小和形状决定的。而且毛发的生长遵循一定的周期。眉毛之所以没有头发长，是因为二者的毛囊有区别。眉毛的毛囊承受力要比头发的承受力小很多，所以当眉毛长到一定长度，毛囊承受不了的时候，眉毛就会停止生长，自行脱落。

为什么我们舔不到自己的胳膊肘？

大家试一下，看看用自己的舌尖是否能舔到自己的胳膊肘。结论是，这是办不到的。我们一起来看看原因。

人体的骨骼很结实，它具有保护内部脏器的作用。人身上共有约 206 块骨头，分布在全身各处。头部的颅骨既保护了大脑，又组成了口腔和鼻腔等重要器官。组成胸腔的 24 块肋骨，保护着胸腔里的心脏和肺等器官。

人能做出各种动作，都是由肌肉带动骨骼来完成的。组合在一起的骨头，转动是有角度限制的，而胳膊的转动也同样会受到限制，使胳膊肘不能转动到舌头的跟前。除此之外，舌头的长度、脊椎的弯曲度等因素也决定了我们舔不到自己的胳膊肘。

小孩的骨头为什么比成人要多？

很多医书上都有记载，说新生儿的骨头有 305 块，要比成人的骨头多出 9 块，这是怎么回事呢？

原因在于，新生儿的骨头还没有完全发育好，其中的一些骨头会在日后慢慢地合并。比如，新生儿有 5 块骶骨，而成年后就会合并成 1 块。新生儿的骨头大多都是以软骨的形式存在的，它们并不会骨化，因此，有些骨头在日后就会消失了。

我们平时说成人有 206 块骨头其实是一种大概的说法。专家调查发现，亚洲人的骨头数量要比欧美人的少 2 块，欧美人大多数有 206 块骨头，而亚洲人有 204 块。亚洲人少的骨头其实是第 5 趾骨的骨头，每只脚少 1 块，加在一起就少 2 块了。

点头表示“是”，摇头表示“不”，是人的本能吗？

本能是指不学就会的本领，如婴儿饿了就往妈妈的怀里拱，遇到危险人会瞬时做出保护自己的反应等。那点头表示“是”，而摇头表示“不”这样的动作也是人的本能的反应吗？其实这跟人的本能没有关系，它是人后天学习的结果。

世界上很多国家都是点头表示“是”，摇头表示“不”的，但在有些国家不是这样的。例如在保加利亚，那的人们点头表示“不”，摇头表示“是”。再如希腊的一些地方，人们在表示“不”时，会在将头部往后仰的同时，将肚子挺起来。

这些行为差异是由于各个国家的语言、文化和风俗不同造成的。

为什么我们对自己的说话声会感觉到陌生？

大家不妨试试将自己的说话声录下来，然后播放出来听一下，我相信大多数人都会对自己的说话声感到陌生，或是在心里自问，或是问周边的人：这是我的声音吗？

为什么我们对录音机里播放出的自己说话的声音感觉很陌生呢？其实，人们在说话的时候，自己的声音不仅会通过骨膜的振动传播，还会通过骨头来传播。这说明，人们平时听到自己说话的声音时，是通过空气传播和骨头传播两种方式产生的声音，而他人听到自己的说话声，仅仅是由空气传播听到的。不同的传播途径，会使声音的音色和能量产生不同的变化，这也正是造成我们在录音机里听到自己说话声音时感到陌生的原因。

打喷嚏是因为有人在想念你吗？

当有人打喷嚏的时候，身边的人总会说：“打喷嚏是说明有人在想你。”其实这种说法是没有任何科学根据的。

人之所以会打喷嚏，是人体自我保护的表现。当有灰尘或是刺激性气体进入了鼻腔后，鼻腔内的神经就会将此信息报告给大脑，大脑马上做出反应，命令鼻腔将这些脏东西清除到体外，于是就有喷嚏打出来了。

另外，受到冷空气侵袭时，人也会打喷嚏。冷空气会刺激鼻黏膜，此时打喷嚏是提醒我们要注意保暖，多穿衣服。

第六章
娱乐冷知识特长班

恍然大悟后的惊讶

“西天取经”为什么不能“飞”着去？

我们看电视剧《西游记》时会发现，唐僧的三个徒弟——孙悟空、猪八戒、沙和尚，他们都有飞的本领，但为什么他们不背着唐僧飞往西天取经呢？

在《西游记》原著中，有过猪八戒问孙悟空为什么不能背唐僧飞过流沙河的记载，当时孙悟空对猪八戒说：“筋斗云属于灵性之物，凡人不能驾驭，若是背着唐僧飞过去，自己根本施展不出腾云的本事。”但事实上，孙悟空不背唐僧飞往西天的真正原因是，孙悟空存在的作用只是保护唐僧的人身安全，世间的磨难还是要唐僧亲自去经历和承受才行，只有这样，唐僧才能修成正果，取得真经。假如孙悟空从中插手，让唐僧在其帮助下到达西天，唐僧即使取到了真经，也没有任何的意义。

唐僧的众徒弟不背着他到西天取经，是为了完成如来“感化苍生”的大计，唐僧所经历的磨难，也是为了感化老百姓而甘心做出的苦修行为。

如果人类参加动物运动会，能得什么名次？

不难想象，人如果与动物进行竞技类比赛，也许会输得很惨吧。我们来一项一项地看看。

豹的短跑速度是惊人的，它跑完 100 米所需要的时间仅为 4 秒，至于 1500 米，它用 1 分钟就能跑完。人类要跑完 100 米，最少也要用 9 秒，跑完 1500 米则至少需要 3 分钟的时间。

举重的冠军非犀牛甲虫莫属，它虽然体形小，但却能举起比自己重将近 900 倍的东西。

跳蚤永远是跳高纪录的保持者，除非人能够跳过超越自己身高 300 倍的高度，否则是不能撼动跳蚤在跳高界的地位的。

若人类与动物进行竞技比赛，虽然人类在很多项目上都不能拔得头筹，但人类可以参加全部比赛，动物就没有这个能力。而在马拉松比赛中，人类绝对可以进入前三名，世界上能长时间处于跑步状态的动物，除了马和骆驼，接下来就是人类了。

“五花八门”中的“五花”和“八门”分别指的是什么？

在日常生活中，我们常常听到有人用“五花八门”这个词来形容种类多，那么“五花八门”中的“五花”和“八门”到底代表了什么意思呢？

其实，“五花八门”出自《虞初新志·孙嘉淦〈南游记〉》，里面是这样写的：“伏龙以西，群峰乱峙，四布罗列，如平沙万幕，八门五花。”这里的“八门五花”指的是五行阵和八门阵，这是古代两种战术变化很多的阵势。

后来，也用“五花八门”指古代的各种职业，下面让我们来具体看看。

五花：

金菊花：卖茶花的妇女；

木棉花：走街串巷为别人看病的郎中；

水仙花：酒楼之中卖场的歌女；

火棘花：街头之上靠杂耍为生的人；

土牛花：出苦力的挑夫。

八门：

一门巾：给人占卜看面相的人；

二门皮：卖草药的人；

三门彩：以变戏法为生的人；

四门挂：四处漂泊的卖艺人；

五门平：讲书说评的人；

六门团：街上卖场的人；

七门调：扎纸搭篷的人；

八门聊：高台之上唱戏的人。

为什么十二生肖中没有猫？

中国人都有自己的属相，有属鼠的，属猪的，属狗的，属牛的，等，但却没有属猫的，猫为什么不在十二生肖当中呢？

民间有这样一个传说：玉皇大帝要给十二生肖安排顺序的当天，让猫去通知这些动物，而当时猫也在十二生肖之中，老鼠是没有入列的。巧的是，老鼠偷听到了猫与牛的对话，于是偷跑到天庭去报到了。猫因为要一个个去通知其他动物，所以落了后，等到猫返回天庭时，已经没有了它的位置。从那以后，猫和老鼠就成了天敌，只要见到老鼠，猫必定穷追不舍。

传说固然有趣，但我们还要追究问题的本源。以史为鉴，十二生肖出现在西周时期。而我国的家猫是从印度传入的，开始于汉明帝时期。如此看来，有十二生肖时，我国还没有猫呢，这也就解释了为什么十二生肖中没有猫的存在了。

人的声音能将玻璃杯震碎吗？

曾在电视上看过这样的镜头：高歌的音乐家，能将放在他旁边的玻璃杯震碎。这种现象真的存在吗？其实这只是一种夸张的表现手法，到目前为止，还没有人能用自己的声音将玻璃杯震碎。

要想用声音将玻璃杯震碎，需要足够的强度和合适的共振频率，当然一定的作用时间也是必不可少的。因为人的声音的发音频率和强度达不到使玻璃杯震碎的条件，所以无法震碎玻璃杯。

马拉松运动员在比赛中途想上厕所怎么办？

马拉松是一项长跑运动，众所周知，这项运动的时间长，运动员要跑 2 个小时以上。这么长时间的运动，对于运动员来说是很辛苦的。

马拉松比赛的过程中，允许运动员进行休息，只要运动员自己不怕得到不理想的名次。同样的，如果运动员想上厕所，在比赛过程中也是被允许的。

一次在日本举行的马拉松比赛中，一位美国的选手本来是跑在第一梯队的，但因为大便实在是憋不住了，于是到场边方便起来，等他再次开跑时，已经落后了很多，但他凭借自己的实力和毅力，最终赢得了比赛。

为什么中国象棋每方只有 5 个兵？

喜欢下中国象棋的朋友或许会注意到，每方只有 5 个兵，而国际象棋每方有 8 个兵，为什么中国象棋的兵要比国际象棋的兵少呢？

这要从中国象棋的起源说起。中国象棋起源于周朝，当时军队是用“伍”来进行编制的，“伍”是指5名士兵，在作战时，戈、殳、戟、矛、弓这5种兵器是要配合使用的。中国象棋是军事题材的游戏，它的发明者也对当时军队的编制和实际情况进行过考量，所以“伍”这个编制也反映到了中国象棋中，因此，中国象棋每方只有5个兵了。

灰姑娘到底是穿着什么样的鞋去跳舞的？

童话故事《灰姑娘》中，灰姑娘穿上了会魔法的婆婆送给她的水晶鞋，在魔法的帮助下，灰姑娘盛装出席舞会。在舞会之上，灰姑娘与王子相识，但因为到了夜晚12点，灰姑娘身上的魔法即将消失，灰姑娘不得不匆匆地离开了舞会。匆忙之时，她遗落了一只水晶鞋，王子也正是凭借着这只水晶鞋找到了他心仪的灰姑娘。

这是一段浪漫的爱情故事，童话中描写的那些优美的场景，在读者心中留下深深的烙印。尤其是水晶鞋，让灰姑娘显得更加美丽。但事实上，水晶鞋的出现是后人改编出来的。

在古老的民间传说中，灰姑娘是穿着毛皮鞋参加舞会的，后来才由法国作家夏尔·佩罗将“毛皮鞋”改为了“水晶鞋”，谁知道这样不经意的改动，竟然让大家在很短的时间内爱上了这个故事。

可以用萤火虫发出的光来读书写字吗？

古人车胤因家中贫困没钱买灯油，所以在晚上便不能读书写字，这令他非常苦恼。一天晚上，车胤偶然在屋外发现了萤火虫，于是他抓了很多萤火虫，并将其放入袋子中，借助萤火虫的灯光来读书写字。车胤的故事是不是真实的呢？

科学家通过研究发现，若抓足够多的萤火虫，利用其发出的光，确实可以读书写字。古代的书多是用粗毛笔书写，字大且疏，如果能抓住 90 只萤火虫，便能够看清这些毛笔字。但对于如今的杂志或报纸上的小字体来说，90 只萤火虫的光是不够用的，至少需要 2000 只萤火虫发出的光才行。但不管怎么样，萤火虫光的亮度和电灯的亮度是无法比拟的。

萤火虫发光其实是为了寻找配偶，雄性的萤火虫先发出光亮来寻觅雌性萤火虫，雌性萤火虫如果发出光亮来回应雄性萤火虫的话，说明它对这个雄性萤火虫有好感，两只萤火虫就可以在一起交配了。

相扑运动员是如何增加体重的？

相扑是一种竞技类的体育运动，最早起源于我国秦汉时期，那个时候相扑叫作“角抵”，到了南宋才正式确定叫“相扑”，并一直流传至今。相扑在日本是一项非常流行的摔跤运动，职业相扑选手也很多。

职业相扑运动员的选拔是很严格的，规定在 20 岁之前，运动员的身高要到 175 厘米，体重最少要达到 120 公斤。一流的相扑运动员体型呈梨状，如此的身形，代表着他们具有强大的力量。普通人要想达到那样的体重是很困难的。对于相扑运动员来说，他们有一整套方法来让体重直线上升。

饮食无疑在增重的过程中扮演着重要的角色，相扑运动员平时会吃一种叫作“力士火锅”的特殊料理，即将肉、豆子、蔬菜和米饭放进一个大锅内进行炖煮，运动员们围坐而食。相扑运动员一般只吃中饭和晚饭，在吃完饭后马上睡觉。相扑运动员的饭量是十分惊人的，毫不夸张地说，一名相扑运动员的饭量可以顶上十个普通人的饭量。

心形符号代表的居然是屁股？

情侣间会用心形符号来互表爱意，但大家也许不知道，心形符号其实代表的是女性的美臀，它和心没有任何关系。

国外的一位心理学家通过研究发现，心脏的形状与心形符号有很大差异，颜色也不同，比较来说，心形符号与女性臀部形状更为相近。这位心理学家还找到了证据来支持自己的观点：希腊神话中的阿芙洛狄忒是爱神，她不仅长得很美，而且她的臀部绝对可以在美臀大赛中获得冠军。古希腊人为了纪念阿芙洛狄忒，特意为她修建了一座寺庙，这座寺庙的名字翻译成中文就是——爱神美臀。古希腊人很有可能是看到了阿芙洛狄忒的美臀而心生爱慕之情，所以从那时起，便开始用这种臀部形状的符号来表示爱情。

动物也有各自的方言吗？

因为所处的地域不同，动物也会有自己的方言。鲸鱼的智商在动物之中算是较高的，它们会通过声音来进行彼此间的交流，但如果中国的鲸鱼和美国的鲸鱼在海洋中相遇，它们却听不懂对方在说什么。然而，与人一样，动物之中也有懂“两国语言”的“翻译”，这些“翻译”会在不同地域的动物之间来回传递信息。

虽然很多动物都不像鲸鱼那样，可以用各种复杂的声音来传递不同的信息，但它们会用身体动作来表达情感并传递信息。如小狗在生气时，会吠和龇牙，若是它想表示心情愉悦或欢迎某人时，就会使劲儿地摇尾巴且将身体重心压低。狗的这种吠或摇尾巴的肢体动作属于它的本能，并不在语言的范畴之内。动物的本能不像动物语言那样有地域性，但无论是在哪个国家，同种动物的本能都是相似的。

“阿拉丁”是哪国人？

很多人都看过《一千零一夜》（又名《天方夜谭》），书中记述的是阿拉伯的民间故事。其中有个描写“阿拉丁神灯”的故事很多中国人都知道，但很多人不知道的是，其实“阿拉丁神灯”这个故事发生在中国，“阿拉丁”是中国人。

《一千零一夜》的故事在阿拉伯地区广为流传，但书中的故事却是来自各个国家的。书中的《阿拉丁与神灯》，明确写明了阿拉丁是中国人。英国发行的早期版本中，阿拉丁是一个脑后有辫子的男人形象，因为该书发行的时候，正好是中国的清朝时期，英国人可能认为古代的中国人也是这个样子的。

关于人名“阿拉丁”，也有人做过研究，“阿拉”是上海的方言，意思为“我们”，而“丁”有男人的意思，所以“阿拉丁”的意思很可能就是“上海男人”。

不同肤色的人种，他们身上“老泥”的颜色相同吗？

皮肤中黑色素含量的高低决定了人的肤色的深浅。

非洲人虽然生活在阳光强烈的地区，但他们的皮肤不会因暴晒而脱皮或发红。非洲人的皮肤多为黑色，这是因为其皮肤中的黑色素含量较多，这样的皮肤能承受得住太阳光的照射。

相比较来说，生活在温度较低，日光不是很充足的地区的人们，皮肤多呈现白色。因为阳光不是很强烈，所以他们不需要过多的黑色素来抵御阳光。假如这些白种人到达了非洲地区，经过日晒后，他们的皮肤会变得很红，并伴有灼痛感。

无论是黄种人、黑种人，还是白种人，大家身上都有“老泥”。所谓“老泥”，是指皮肤上的一层死细胞。我们的皮肤由非常多的细胞构成，旧的细胞会逐渐死去，被新的细胞所取代，而那些旧的细胞会在皮肤上形成很薄的死皮，即“老泥”。

“老泥”跟皮肤一样，也有黑色素，所以不同肤色的人种，其“老泥”的颜色是不同的。黄种人其“老泥”多为深黄色，黑种人的“老泥”是黑褐色的，而白种人的“老泥”是浅黄色的。

第七章
文化冷知识特长班

这些知识我竟然不知道

“无事不登三宝殿”中的“三宝殿”具体指的是什么？

在生活中，我们经常听到有人说“无事不登三宝殿”，那“三宝殿”到底指的是哪里呢？

其实，“三宝殿”也可以叫作“三宝地”，它是佛教用语。“三宝”包括佛、法、僧，“殿”为活动场所，“三宝殿”即佛、法、僧的活动场所。通俗来讲，佛是有大智大觉的人，法是佛所说的教义，僧是继承和宣扬法的人，佛、法、僧这三者间是互相联系的关系。

“三宝殿”包括佛教信徒做法事的“大雄宝殿”、佛家珍藏书典的“藏经楼”，以及供僧人休息的“宁静禅房”。规模较大的寺庙才会设有“三宝殿”，比如少林寺。这三处地方是佛教重地，不能随意进入，因此有了“无事不登三宝殿”的说法，用来表示只要登门必有事相求。

“鸡毛”和“蒜皮”是怎么走到一起的？

“鸡毛蒜皮”这个词，多指一些无关紧要的小事或毫无价值的东西，但“鸡毛”和“蒜皮”这两个不相干的东西是如何被联系到一起的呢？

据说在很久以前，有两户人家隔着篱笆为邻，东边的人家以卖鸡为生，西边的人家以卖蒜过活。卖鸡的人家每天清早要提前起来拔鸡毛，院子里的鸡毛随处可见。而卖蒜的人也要在早上将蒜皮剥好，为一天的买卖做好准备，他家的院中到处都是蒜皮。原本相安无事的两家，因为刮风而不停地吵架。原来，刮东风的时候，卖鸡人家的鸡毛会被吹到卖蒜的人家去；而刮西风时，卖蒜人家的蒜皮会被吹到卖鸡的人家去。时间长了，两家的矛盾也逐渐升级，终于有一天，两家大打出手，不得不对簿公堂。县老爷听说是为了“鸡毛”和“蒜皮”这样的小事而发生的斗殴，便对堂下的人说道：“此等鸡毛蒜皮之小事，竟也能到公堂之上来理论。每人罚十大板，回到家中各自反省。”之后，“鸡毛蒜皮”之事就传开了，并逐渐被用来指代琐碎的事或无价值的东西。

“法老的诅咒”真的存在吗？

“因为外人随便闯入陵墓，所以法老的诅咒开始显灵，让那些入侵者得病死去。”这是19世纪初，在欧洲广为盛传的故事。事情的经过是这样的，英国考古学家卡特发掘了法老图坦卡蒙的陵墓，在此之后的几年内，与发掘陵墓有关的工作人员或得病死去，或意外死亡，法老咒语应验之说四散开来。

但卡特本人不相信有“诅咒”的存在，他说，“法老的诅咒”只是人们凭空捏造出来的，如果真有诅咒的话，他自己也不可能健康地活了那么久。德国的学者斯丹道尔夫用大量的证据和材料证明“法老的诅咒”是子虚乌有。之所以会有“诅咒”显灵之说，是那些随便发掘古物之人自己内心害怕造成的。

“杀破狼”到底是什么东西？

“杀破狼”这个词最早出现在《易经》中，是紫微斗数，命理学里，“七杀”“破军”“贪狼”三颗主星在命宫的三方四正会照时，即所谓的“杀、破、狼”格局。

“七杀”象征着威武勇猛，主肃杀；“破军”则是事必躬亲的星曜，主祸福，具有强烈的主观意识；“贪狼”象征足智多谋，主福祸、欲望，其与“七杀”“破军”为固定组合，即“杀、破、狼”。

“杀破狼”是紫微的一种命格，包括“七杀”“破军”“贪狼”三颗星。古代驰骋沙场的大将军和勇士多为这种命格。“杀破狼”好动不好静，动中得财来福。

“不管三七二十一”是怎么来的？

乘法口诀中有“三七二十一”，但它怎么会出现在我们的俗语“不管三七二十一”中呢？

其实，这句话出自战国时期的一个典故。当时，苏秦主张合纵抗秦。一天，苏秦到齐国见过齐国君主齐宣王后，对其阐明自己的作战观点。当齐宣王说到齐国的兵力匮乏之时，苏秦说道：“齐国的都城临淄之内有七万人家，如果每家出三个男人服役，那么齐国都城就有三七二十一万的士兵。这样的话，挖秦的兵源仅仅齐国的临淄一城就足够了。”当然，苏秦这个算法是不切实际的，因为临淄城的每户人家不可能都出三个男人来当兵，因为有的人家有女无男，有的只有老弱病残。

于是，后来的人们就用“不管三七二十一”来形容那些做事不考虑实际，偏要去做的情况。

“七月流火”是表示天气热的意思吗？

从字面上解释的话，“七月流火”很容易被人误解为七月温度高，暑热似火。事实上，“七月流火”来自《诗经》中“七月流火，九月授衣”。这句话的意思是“天气开始转凉了，大家要准备厚实的衣服了”。

三千年前，历法还没有完善，农民需要看星象来进行农事。在夏末，天空的正南方会出现一颗叫“大火”的红星，农民认为这颗星出现代表着夏天要过去了，秋天即将来临，秋收就要开始了。过一段时间后，“大火”慢慢往西边移动，并呈现出下坠的轨迹，即“流”，直到看不到这颗星的存在，这个过程就被人们称作“七月流火”。因此“七月流火”表示暑气减退，寒气将至。“七月”不是阳历的七月，而是农历的七月，相当于阳历的八九月份。

“五福临门”有哪五福？

“五福临门”是一句祝福语，大家经常说，但很多人却不知道其中的具体含义，究竟“五福”指的是哪五福呢？

其实，“五福”出自《尚书》中的《洪范》。里面关于“五福”是这样写的：“一曰寿、二曰富、三曰康宁、四曰修好德、五曰考终命。”“五福”即长寿、富贵、康宁、好德、善终。

具体来说，“长寿”指福寿绵长，“富贵”指家产丰足且地位高贵，“康宁”是指身体无恙且内心宁静，“好德”指生性善仁且宽厚宁静，“善终”指去世之前没遭受过巨大伤害，身心健康且无病痛。

因为“考终命”谈到了死亡，为了避讳，东汉桓谭在《新论·辨惑第十三》中将“考终命”改成了“贵”，因此，后来的“五福”就成了“寿、富、贵、安乐、子孙众多”。

西方人为什么对“13”这个数字避而不谈?

西方人对“13”这个数字很忌讳，认为“13”不吉利。他们之所以会有这样的想法，跟很多神话故事和传说有关。

北欧的一个神话中有这样的记述：在哈弗拉宴会上，共有 12 位天神出席，但当天又来了一位不请自来的人，他就是烦恼和吵闹之神——洛基，这第 13 个客人，使备受天神宠爱的伯尔特丢了性命。

关于“13”的传说还有很多，其中最为著名的是：耶稣在受害前与弟子共进晚餐，参加宴席的第 13 个人正是耶稣的弟子犹大，而犹大为了钱财将耶稣出卖给了犹太教当局，使得耶稣遭受了巨大的折磨。参加宴会的是 13 个人，而当天的日期又正好是 13 日，“13”这个数字因此被认为是不祥的象征，也被看成是出卖的同义词。

很多西方人为了避“13”，连门牌号和楼层数都用其他数字或字母代替“13”，如 13 楼就用“12A”代替。电影院中 12 排和 14 排之间是人行过道，13 日那天大家都不外出旅游等。

东西方的“龙”有何不同？

西方传说中的“龙”，是充满了暴力色彩且凶狠无比的，它具有攻击性，会掠夺人类的财产，破坏人们的家庭，掠夺走人间美丽的公主。人们大都谈“龙”色变。但在东方人眼中，“龙”则有着完全相反的象征意义。

在东方，人们会向“龙”祈求健康，如果遇到干旱季节，还会向“龙”祈雨。“龙”在东方人的眼中是吉祥的化身，它会给人们带来好运和幸福。

虽然东方的“龙”和西方的“龙”在外形上差不多，都全身覆盖着鳞片，而且有四只利爪，但在一些细节之处还是有区别的。比如，西方的“龙”长得更像是恐龙，背部有翅膀，嘴部无须。而东方的“龙”有着如蛇般的身体，虽然背部没有翅膀但却能在天空中飞翔，嘴的附近有长长的须子。

“琴棋书画”中的“棋”指的是象棋吗？

“琴棋书画”这个词多被用来形容某个人才艺了得。很多人认为“琴棋书画”中的“棋”是指象棋，真的如此吗？其实不是这样的，这个“棋”是指围棋而非象棋。

古代的人们将弹琴、弈棋、书法和绘画看作是文人骚客必须掌握的技能。其中的琴主要指古琴，而棋是指围棋。这四个方面的技能合在一起就是琴棋书画。

“琴棋书画”这个说法最早出现在唐朝，而直到南宋时象棋才被发明出来，两个朝代间相距 400 多年，因此，“琴棋书画”中的“棋”并不是指象棋。

“三长两短”竟然与棺材有关？

“三长两短”多形容人遭遇了意外的灾难或事故，用来指代人的死亡。为什么“三长两短”这个词会与死亡有关呢？

其实，“三长两短”与我国古代的棺材有着很大的关系。古代的棺材没有钉子，所以只能用绳子或藤条将棺材盖与棺材身绑扎在一起。通常都是横向捆三道，纵向捆两道。因横向的木板长于纵向的木板，于是就有了“三长两短”的说法。后来的人们就用这个词来指代人的死亡。

还有一种观点认为，除去棺材盖，棺材是由两块短板和三块长板组成的，所以用“三长两短”比喻人的死亡。

“下海”是如何成为经商的代称的?

戏曲《洛阳桥》讲述了清朝的一个状元依照母亲的意愿，在家乡建了一座洛阳桥。可在修建的过程中，桥墩打不到水中，老百姓开始传言说是海里的龙王不让建桥。于是这个状元就贴出了布告，想找到可以下海能与龙王商讨建桥之事的人。这是“下海”早期的意思，指稀里糊涂做事的行为。

我国改革开放时期，“下海”成了巨大风险和可观回报的代名词，它具有敢于拼搏、敢求创新的含义。“下海”意味着要放弃传统制度下的保障，到新的环境中去从事风险和回报都非常高的商业活动。

在中国的古代和近代，东南沿海一带的人们为了躲避自然灾害或战乱困苦，会冒着生命危险到南阳谋生，因而“下南洋”与“下海”在某种程度上有相同的意思。两种行为都有很大的危险性，但还是有人会衣锦还乡的。

“雷池”难道是埋着地雷的池塘？

在影视作品中，我们常听到“不敢越雷池一步”这种说法，“雷池”到底是指什么？有人从字面上理解，说其指的是埋着地雷的池塘。事实上，“雷池”只是古代的一个湖的名字，而“不敢越雷池一步”这句话是出自《晋书·庾亮传》，里面是这样写的：“亮并不听，而报温峤书曰：‘吾忧西陲过于历阳，足下无过雷池一步也。’”

事情的经过是这样的：东晋成帝时期，庾亮任中书令。庾亮为了巩固西部边境，推荐温峤到西部去镇守。之后，历阳太守苏峻谋反，温峤知道这个消息后，准备从水路攻入建康救主。庾亮当时不能分清形势，他更担心的是西部边疆而非君主所在的建康。于是庾亮对苏峻说：“吾忧西陲过于历阳，足下无过雷池一步也。”他想让苏峻留在西部边境，不要越过雷池到京都建康去。后来，苏峻在短时间内就攻破了建康，吃了败仗的庾亮不得不投靠温峤，可是温峤并没有埋怨庾亮，两人联起手来，终于平定了叛乱。

庾亮说的“无过雷池一步”，从战略角度来考虑是错误的，所以后人用“不敢越雷池一步”来比喻不敢超出一定的范围，因循守旧，不敢创新。

古时候的武术高手们真的会飞吗？

在武侠影视作品里，里面的武术高手们可以自由自在地在空中飞来飞去，而且还能轻松自如地在水面上行走，难道古时候的武术高手们真的具有这样的本领吗？

河南的少林寺是中国武术的重要发明地，距今已有1500多年的历史了。就算是在1000多年前，少林寺的武术高手们也没有能够在天空中飞来飞去或在水面上自由行走的本领，因为地心引力的存在，任何物体都会受其影响而最终掉落到地面上。

无论一个人的武艺有多高强，他都无法摆脱地心引力的吸引，那些飞檐走壁的高手，都是影视作品的创作者们为了吸引观众的眼球而虚构出来的。

为什么不是“才高十斗”呢？

“才高八斗”可以用来形容一个人文才高，知识丰富。但为什么不能说“才高十斗”，而一定是“八斗”呢？

“才高八斗”最早是用来形容建安诗人曹植的，其才华高超，七步成诗。这个词最早出自南朝的《释常谈·八斗之才》中，里面是这样记述的：“文章多，谓之八斗之才。”

关于“才高八斗”这个词，民间还有一个有趣的传说。据说，南朝的谢灵运是位大才子，他开创了文学史上的山水诗派别。谢灵运的诗歌艺术性很强，天下之士竞相传抄。谢灵运自视甚高，他有一次在酒后说出了这样的话：“天下的‘才华’共有一石，曹植占了八斗，我占了一斗，剩下的那一斗由世间的人们去分。”我们能从谢灵运的这番话中看出，他对曹植是非常欣赏的，而占了“八斗”之才的曹植确实是非常厉害的。

红、白、绿、蓝皮书都有什么特殊含义？

我们在看新闻的时候，经常会听到某个国家的政府发表了重要的文件或报告，而因国家的不同，他们发布的文件会使用不同颜色的封皮，红色的为红皮书，白色的为白皮书，绿色的为绿皮书，蓝色的为蓝皮书。其中使用白皮书和蓝皮书的国家是最多的，尤其是白皮书，它已经成为国际上公认的正式官方文书。接下来我们分别来了解下红皮书、白皮书、绿皮书和蓝皮书的含义。

红皮书是危机警示的研究报告，主要被西班牙、美国、英国和俄罗斯等国家使用。

白皮书是由官方制定和发布的阐明及执行的规范报告。是因为最初书的封面和内部正文用纸都为白色而得名。

绿皮书是与红皮书相对应的，它是关于积极、乐观前景的研究报告。

蓝皮书是由第三方完成的综合研究报告。

男子丧妻后再次娶老婆为什么叫“续弦”？

在古代，如果男子的妻子去世了，他要是再娶的话就被称之为“续弦”。再娶和“续弦”之间有什么联系呢？事实上，古代用琴瑟来比喻夫妻，因此妻子去世了就叫“断弦”，而男子再娶的话就叫“续弦”。

关于“续弦”，民间有个流传已久的故事。据说，俞伯牙的妻子非常欣赏他的琴艺，经常让他弹琴给她听。后来，俞伯牙的妻子得了重病，每到难受之时，俞伯牙都会弹琴给妻子听，以缓解她身上的痛苦。一天，俞伯牙正给妻子弹琴的时候，琴弦突然绷断，而他的妻子此时也离开了人世。俞伯牙非常伤心，决定再也不弹琴了。后来俞伯牙经人介绍认识了一位女子，本不想结婚的俞伯牙面对众人的劝说显得很为难。一次相聚时，女子对俞伯牙说想听他的琴声。经女子再三要求，俞伯牙将原来那个断了弦的琴重新接好琴弦，为女子弹奏了一曲。女子听过俞伯牙的演奏后，对他非常欣赏，而最终两人也在众人的祝福中成了亲。这个故事传开后，大家便将再娶叫作“续弦”了。

第八章
科学冷知识特长班

我要抓紧时间继续学习了

盲人的梦是什么颜色的？

先天性盲人从出生开始就什么都看不到，不存在对视觉的认识，所以在梦境中也没有视觉信息，他们的梦可以说是没有颜色的。

有些人在出生之后因意外事故或生病而成了盲人，他们在失明前看到的事物就会出现在梦里。梦是根据人们生活中所经历过或看到过的事情而形成的，虽然一些人在后天成了盲人，但之前他们所看到的事物都会留在脑海中。但他们的梦也不一定会将现实中事物的颜色完全反映出来，即使是正常人，梦的颜色也多为灰色和黑白色。而那些整天跟各种颜色打交道的画家或设计师，他们梦中出现鲜艳色彩的概率要比普通人大得多。

物质除了固态、液态、气态之外，还有别的形态存在吗？

自然界中，所有的物体都是由物质构成的。根据物体的特性，我们很容易能分辨出哪些是固体，哪些是液体，哪些是气体。固体具有一定的形状和体积，不能被压缩；液体有一定的体积，但没有固定的形状，可以流动，难压缩；气体没有固定的形状，就算在密闭的空间或容器内也是可以改变的，它可以不断流动，容易压缩。物体常见的形态就是这三种，那么除此之外还有别的形态存在吗？

事实上，现有的物质形态有十种以上，而且这个数字还在不断地增加中。除了固态、液态、气态，物质还有非晶质固态、等离子态、超流态、简并态、强对称物质和弱对称物质等。

为什么水烧开后声音反而不响了？

烧水时，我们可以通过听水的声音来判断水是否烧开。一般情况下，水在沸腾之前，会在水壶内部发出嘶嘶的响声，而且声音会逐渐变大。等水真正烧开后，水壶中剧烈的声音会变得很柔和。人们正是通过水壶内声音的变化来判断水是否烧开的。为什么水烧开后声音反而不响了，这里面有什么科学道理存在吗？

因为水中是有空气的，而且水壶的内壁上有许多细小的空穴，这些空穴中也有空气，当水壶中的水被加热时，水中的空气和水壶内壁空穴中的空气被逐渐排了出来，以水壶底部和边缘最为明显，所以在这些地方会出现很多小的气泡。这些小气泡汇合到一起，就会发出嘶嘶的响声。

等水壶中的水被继续加热后，小气泡的体积会增大，并逐渐离开水壶底部，向上升起，因上部的水温较低，气泡上升破裂后会发出很大的声音。水温继续升高，气泡破裂的位置会离水面越来越近，等水完全沸腾后，气泡到达水面才会破裂，所以这个时候我们听到的是较为柔和的声音了。

纸被水打湿后为什么会出现褶皱？

纸之所以在遇水后会变得皱巴巴的，与纸的材质有非常大的关系。纸的主要成分为植物纤维，还有填料、色料等作为辅助材料。

造纸的过程是这样的：先将木材或废纸中的纤维散布在水里，让水分子将纤维充分包裹住，之后再经过过滤、上下加压脱水和加热干燥来将水分去除掉。在这个过程里，纤维细胞之间的水分子会被去除，而纤维分子之间会形成很多细小的氢键，纸张就这样形成了。

通常情况下，纸在遇到水之后不会产生化学反应，只会发生物理性质上的变化。纸张遇到水之后，水分子会将形成纸纤维的氢键破坏掉，使纸张发生膨胀，这个过程与制造纸的过程正好是相反的。氢键被破坏后，纸张纤维间的氢原子在没有压力的情况下随意组合，等纸干了之后就会出现褶皱了。

温水比冷水更容易结冰吗？

1969 年的夏天，一位名叫艾拉斯托·穆宾巴的科学家想自己做冰激凌吃，于是他将由牛奶和糖水等物质混合成的温热液体放入了冰箱的冷冻室，令他感到惊奇的是，这次结冰的速度比冷水结冰的速度快，他在短时间内就吃到了冰激凌。艾拉斯托·穆宾巴对此产生了浓厚的兴趣，于是开始着手研究，后来写了很多的研究报告，这一现象也被科学界最终定为“穆宾巴效应”。

目前对这一现象最普遍的解释为“温差理论”。温水之所以比冷水更容易结冰，是因为温水与周围环境的温差大于冷水与周围环境的温差。温差大的话，水分子的能量会迅速散发到周围的环境中。但仍然有很多人质疑这个理论，因为虽然冷水与周围环境的温差小，冷水分子能量散发较慢，但是温水终究是要变成冷水的，而温水变成冷水后结冰的速度应该与冷水直接结冰的速度一样。因此现在这个问题仍然没有人能够给出最合理的解释，但随着科学技术的发展，在不远的将来，这个问题一定会得到合理的解答的。

跳入水中真的能躲避子弹吗？

电影中经常出现这样的镜头：某人被拿着枪的人逼得无处可逃，最终跳入水中躲避子弹。我们都知道，子弹的速度非常快，跳入水中真的能躲避子弹吗？

一些人做过专门的实验，他们将与人相似的塑胶人放入水下，用四种不同种类的枪对塑胶人进行射击，结果发现，射程最远的 M1 步枪能对水下 1.2 米深的塑胶人造成非致命伤。这就说明，如果一个人潜入水下 1.5 米以下的深度，便不会被一般的枪伤害到。

实验结果虽然是这样，但现实操作起来有一定难度。我们知道子弹在空气中的速度是非常快的，普通的子弹速度能达到 300 米/秒，所以一个人要想在水中躲过子弹，必须在被子弹击中之前就潜入到 1.5 米深的水下。

脑袋大就一定很聪明吗？

有的人说，脑袋大的人都很聪明，事实真的是这样吗？自然界中，不同动物其脑袋的重量是不一样的。老鼠的脑袋重 1.6 克左右，而猫的脑袋重为 30 克，猴子的脑袋重 90 克，这些动物的脑袋都没有人类的脑袋重，它们也确实都没有人类聪明。但事实上，并不是脑袋越大越重就越聪明，鲸鱼的脑袋足足有 7000 克重，但它的智力却低于人类。

那么，在人类中，是不是脑袋越重越大，就越聪明呢？据说，俄罗斯小说家屠格涅夫的脑袋重 2012 克，他的脑袋确实比人脑重量的平均值高出很多，而屠格涅夫的智商也在普通人之上。但德国化学家本森的脑袋重 1259 克，低于人脑重量的平均值，但他在自己的学科领域也取得了非常大的成功。可见，一个人是否聪明，与其脑袋的重量和大小是无关的。

其实，人的智商高低主要是由脑细胞数量的多少决定的。我们脑细胞的总数在 1000 亿个左右，但经常处于活动状态的仅为 10 亿个左右，所以我们的大脑蕴藏着巨大的潜力。人的脑越是经常用，就会变得越聪明。

黑匣子里装的到底是什么东西？

飞机发生空难事故后，人们到达救援现场的时候都会寻找一个叫“黑匣子”的东西，这个黑匣子到底是什么，为什么事故发生后一定要找到它呢？

黑匣子被业内人士称为“空难见证人”，它实际上就是飞机上的记录仪器，将飞机飞行时的高度、速度、航向、爬升率、下降率、起落架收放、飞机系统工作状况和发动机工作参数等都记录下来。

黑匣子同时也是话音记录仪，它能将飞机上的各种通话都记录下来。话音记录仪上的 4 条音轨，能将飞行员与地勤人员的通话、驾驶员之间的对话、机长和空姐与乘客的对话和驾驶舱内各种异常的声音都记录下来。

空难大都是在很短的时间内发生，若飞行员和乘客遇难，调查人员想知道事故发生的原因是很难的。这个时候黑匣子就彰显出了它的作用，它能为调查人员提供飞机出事之前的各种系统的运转情况。人们还可以根据话音记录仪里记录的声音来分析事故的原因，以便对事故做出正确的结论。

黑匣子通常由铁金属和高性能的耐热材料做成，具有极强的抗火、耐压、耐冲击、耐海水浸泡、抗磁干扰等能力，即便飞机损坏，黑匣子里的数据也能保存完好。

中间有水的两块玻璃为什么难以分开？

如果我们在一块玻璃上抹些水，然后再拿另一块玻璃轻轻地盖上去，会发现，很难再将这两块玻璃分开。这是为什么呢？有的人说，这是因为两块玻璃之间的水与玻璃在一起会生成一种具有黏性的物质，所以粘在一起的两块玻璃很难分开。这种说法是正确的吗？

其实，看似光滑的两块玻璃之间仍有很多微小的空隙，在玻璃间抹上水后，这些空隙就被水填满，外部的压强就会将两块玻璃紧紧地压在一起，再加上水分子之间的引力，玻璃就很难被分开了。

若想分开中间有水的两块玻璃，必须使空气进入被水分子填满的玻璃缝隙处。

为什么天冷时小便的次数会增多？

很多人都会有这样的感觉，虽然每天喝水的量差不多相同，但气温低的时候，小便的次数会增多，造成这种现象的原因是什么呢？

与天热时相比较，气温低时，人体不容易出汗。平时人体都要通过排泄来将体内堆积的“垃圾”排出体外。夏天时，因为气温高，人体较容易流汗，大部分人体内的“垃圾”会随着汗液被排出体外。到了冬季，气温降低，人体出汗很少，没有了汗液的帮助，人体就选择通过尿液来将多余的“垃圾”排出体外了，这也正是天冷时小便次数增多的原因。

为什么有些药要以胶囊的形式出售?

药店中出售的口服药，有些外部包裹着胶囊。为什么这些药不直接制成片剂，而要以胶囊的形式出售呢?

我们先来看看胶囊的种类，目前市面上常见的胶囊主要分为两类——软胶囊和硬胶囊。软胶囊具有良好的密封性，可以长时间保存药物，如鱼肝油等油性药物多是用软胶囊包裹的。而硬胶囊就是我们经常见到的双色胶囊，它是由两瓣胶囊并在一起组成的，它的密封性没有软胶囊好，里面装的是药粉。

之所以一些药物用胶囊来包裹，是因为：有些药物具有很强的刺激性，如果直接服用，会对消化器官造成伤害；有一些药物很苦，为了让病人吃药时不觉得苦，所以加上了胶囊；还有一些药物要在肠道进行消化，胶囊能保护药物不在胃部就被胃酸腐蚀掉；除此之外，胶囊还能准确地控制药物的剂量，能避免人们错服药物。

无影灯是如何摆脱影子的？

医院手术室内挂着的圆形大灯就是无影灯，它可以消除人的影子，方便给病人做手术。那么，无影灯是如何摆脱影子的呢？是无影灯里有什么特殊的装置，能将照射在手术台上的影子消除掉吗？

其实无影灯上面并没有消除影子的装置。正常情况下，当光线照射在不透明的东西上时，就会产生影子，中间影子最深的地方叫作本影，四周渐渐变浅。无影灯的工作原理是，圆形灯盘内装有向各个方向照射的灯光，增大了发光源的面积，使得本影变淡，达到无影效果，以便让手术能顺利进行。

防弹衣是如何挡住子弹的袭击的？

在看影视作品的时候，经常会看到穿着防弹衣的警察追捕危险的嫌疑人，那么，防弹衣和普通的衣服到底有什么区别，防弹衣是如何防弹的呢？

有人说防弹衣之所以能防弹，是因为防弹衣内部有厚厚的钢板，可以阻挡住高速飞来的子弹，从而降低子弹对人体所造成的伤害，其实不是这样的。大多数防弹衣分为两部分——衣套和防弹层。防弹层是能阻止子弹伤害人体的保护层，它由金属、陶瓷片、玻璃钢、尼龙、液体防护材料等组成。根据防弹衣的不同，防弹层可分为单一结构和复合型结构。防弹层里的特殊结构，可以吸收高速飞来的子弹所产生的动能，还能将子弹爆裂时所形成的弹片弹开，从而达到保护人体、减轻伤害的目的。

自动售货机是如何识别硬币的？

我们常常能在地铁站或飞机场等场所看到售卖饮料或其他东西的自动售货机，人们只要将硬币投入到机器里，就能买到自己想要的商品。自动售货机是如何识别硬币的呢？

有的人说自动售货机内部装有自动扫描装置，只要将硬币投入到机器里，自动扫描装置就会辨别硬币的真伪和数量，完成交易。其实在自动售货机的内部并没有自动扫描装置，其内部安装的实为感应装置。感应装置被安装在投币口处，一旦有硬币被投进来，感应装置就会对硬币的大小、材质和重量进行感应。因为不同的材质会具有不同的磁场，所以感应装置能识别出硬币真伪，又因为感应装置能感应出硬币的数量，所以自动售货机能自己计算出找零的数量，从而将顾客要买的物品“吐出来”，最终完成交易。

世界上最轻的物体是什么？

世界上最轻的物体是气凝胶，它是一种非常特殊的材料，呈半透明状，浅蓝色。气凝胶是由纯二氧化硅等物质组成的，它的密度很小，每立方米只有 3 毫克，是空气质量的 2 倍多。气凝胶差不多是世界上最轻的固体了，尽管它被称为固体，但其实它 99%以上都是由气体构成的，也正是这个原因，使气凝胶看起来像雾一般，所以人们也称它为“冻烟”。假如将 1 立方厘米的气凝胶拆开铺平，会发现它竟然会有足球场那么大。

气凝胶具有非常强的抗热性，就算是 1000℃ 的高温也奈何不了它，除此之外，气凝胶还具有很强的吸油污的能力。气凝胶被应用在很多领域，如宇航服、登山靴等的制造上。我们现在对气凝胶的认识还处于起步阶段，日后气凝胶必将会发挥出其更大的用途。

第九章
世界冷知识特长班

原来世界竟然这么奇妙

为何英国的法官和律师要佩戴假发？

看电视时经常会看到，英国法庭上的法官和律师都会佩戴卷曲的假发，这么做的原因是什么呢？

大概从 17 世纪起，英国的法官和律师在法庭上就开始佩戴上银白色卷曲的假发，这么做的原因有很多个版本。有的说是中世纪时，法官和律师很辛苦，因为工作压力和强度很大，所以他们都过早地出现了脱发的情况，甚至开始谢顶。为了视觉上的美观，司法工作人员开始佩戴假发，而这种行为最终被渐渐地固定化，并流行起来。还有的人说，佩戴白色卷曲假发是为了向人们宣扬法律的专业和权威。

但看似庄严的假发其实佩戴起来并不是很舒服，佩戴的人极易出汗，而且假发还容易发臭，针对这个问题，英国政府在 2008 年宣布，除了审理刑事诉讼案件的法官外，其他法官和律师都可以不用在法庭上继续佩戴假发了。

如果发生世界性的核战争，会有什么样的后果？

科幻电影中常常会出现核战争爆发的镜头，如果真的爆发了世界性的核战争，后果是极为可怕的。

无数人的生命会在瞬间消失，地球被数百亿吨的烟尘和烟云所笼罩，太阳的光亮无法照射到地面上，世界处于一片黑暗之中。地球表面温度会骤降，出现极度寒冷的天气，动植物会被冻死。幸存下来的人也会因为没有食物、瘟疫流行而陆续死亡。

正因为核武器的破坏力实在是太大了，所以无论是哪个国家都不敢贸然发动核战争。希望地球上的人们永远不要看到核战争发生的那一天。

日本女性和服后背上为何有个包包？

日本女性和服的背后都有一个包包，这个包包有什么用？它有什么象征意义吗？

其实日本女性和服背后的那个东西并不是包包，而是打了结的腰带。日本的丰臣秀吉时期，国家积极提倡与海外进行贸易往来，那个时候有很多的传教士从遥远的国度来到日本。日本当地的居民见到外国传教士穿的由绳状带子系住的外袍，感到十分新奇，于是纷纷模仿开来。之后，日本人又受到朝鲜传统服饰的影响，两股潮流叠加在一起，最终形成了今天的日本女性和服后背的包包结腰带。

需要注意的是，穿和服时不能佩戴其他的首饰，尤其是那些闪闪发光的配饰。

哪个国家有两首国歌？

国歌是一个独立国家的象征。通常来说，每个国家的国歌都只有一首，但有一个国家，居然有两首国歌，这个国家就是丹麦。

丹麦的两首国歌，歌名分别叫《国王克里斯蒂安》和《这是一个美丽的国度》。《国王克里斯蒂安》创作于

1779 年，那个时候的丹麦与挪威同在一个强国的统治下，因此这首歌中有涉及挪威的内容。而《这是一个美丽的国度》创作于 1898 年，当时丹麦战败，失去了挪威，这首歌可以称得上是一首充满了温情的民歌。

丹麦政府将《国王克里斯蒂安》和《这是一个美丽的国度》这两首歌都定为国歌，是因为各自支持这两首国歌的阵营都不做出让步，但丹麦政府会根据不同场合来选择使用不同的国歌。

居然有要想离婚就要先绝食的国家？

在我国，如果新人结婚举办婚礼，新人的亲朋好友会欢聚一堂，大家吃着美味佳肴，一起把祝福送给新人，场面十分热闹。但相比较来说，离婚就变得非常低调了，两个感情破裂的人到民政局办理完手续就各走各的路了。

在世界上的某些国家，离婚可不像在中国这样，到相关部门办理完手续后就宣告婚姻关系结束，他们要从“嘴”上付出代价。在厄瓜多尔，以长者为尊，离婚也是要经过长辈们同意才行的。一般来说，一对夫妻如果准备离婚，夫妻两个人都要绝食三天，粒米不进。等到第四天的清晨，长辈们会找到准备离婚的夫妻，看他们是否还有力气，如果已经有气无力，且离婚态度依然坚决的话，长辈们就会同意他们离婚；如果夫妻二人精神状态都很好，长辈们会不准他们离婚，甚至会做出决定——永远不准他们离婚。

国外救护车上的AMBULANCE一词为什么是反写的？

在国外的一些国家，救护车上AMBULANCE一词是反着写的，为什么要这么做呢？

为病人多争取一秒钟的时间，就会让病人少一分接近危险的可能。之所以救护车身上的AMBULANCE一词要反着写，是为了让救护车前面的汽车司机通过后视镜看到正方向的AMBULANCE一词，以便让前方的车为救护车让出道路。

我们如果在路上看到了救护车，一定也要想尽办法为救护车让出路来，争取为病人得到尽快救治赢得宝贵的时间。

美国成为超级大国竟然是因为得到了土豆的帮助？

14 世纪中期，航海家把土豆当作观赏植物带到了欧洲，之后欧洲人发现这种观赏植物的营养成分很高，其中所含有的维生素 C 还能防止当时不容易治疗的坏血病。于是土豆在欧洲的种植面积飞速增多。

但不知是什么原因，一种名叫“褐腐病真菌”的病菌被带到了欧洲的爱尔兰，几天之内，茂盛的土豆种植地变成了一片黑臭的荒地，几百万的爱尔兰人饿死，一百多万的爱尔兰人开始走上逃荒的道路。这些爱尔兰人经过重重困难最终到达了美国，美国人同情爱尔兰人的遭遇，放宽了移民政策，让这些逃荒的人在美国生活了下来。从此以后，不同国家的人相继拥入美国，不仅给美国带来了不同的文化和信仰，还带来了生机和活力。

如果没有那场欧洲土豆风波，就不会有大批的爱尔兰人到美国来，如果没有那场大迁徙，就不会有更多的其他国家的人纷纷移民到美国，美国也许就不会成为一个拥有多元文化的超级大国。

比萨斜塔为什么会倾斜？

意大利著名的比萨斜塔虽然塔身倾斜，但依然屹立了600多年的时间，为什么比萨斜塔会发生倾斜？难道是当初的建筑师故意为之的吗？

其实比萨斜塔发生倾斜的原因与其地基有关。比萨斜塔下面有几层不同材质的土层，由各种软质粉土的沉淀物和非常软的黏土相间形成，而在约为1米深的地方就是地下水层了。科学家研究发现，比萨斜塔建在了古代海岸的边缘处，土质在建造时便开始沙化和下沉，所以比萨斜塔倾斜并不是建筑师在建造时故意设计的。

为了不让著名的比萨斜塔倒掉，意大利开始进行维修工作。因为塔身是向南部倾斜的，所以维修人员在塔身的北端放置了600吨重的铅块，并采取了使用钢绳从斜塔的腰部向北侧拉等方法矫正，现在斜塔已经被矫正了45厘米，不会有倒塌的危险。

有喝酒也需要执照的国家吗？

在亲朋好友聚会时，大家免不了喝上几杯来助兴。但在有些国家，喝酒并不是一件自由的事，需要取得执照才能喝。

在卡塔尔，喝酒是被禁止的，进口酒类也不可以。不仅如此，在公共场所喝酒的话，还会有入狱的危险。当然，这并不意味着在卡塔尔就真的喝不到酒。一些有执照的餐厅或酒吧就有酒出售，但是买酒的人需要持有当地政府颁发的喝酒执照。

在沙特阿拉伯、利比亚、马尔代夫等国家，也有不同程度的禁酒令。沙特阿拉伯完全禁止酒的生产、销售和进口，利比亚也是如此。马尔代夫禁止酒的进口，本地酿制的酒只供给外国游客，且不能带出马尔代夫。

红十字标志和瑞士国旗之间有什么联系吗？

国际红十字会的标志和瑞士国旗很相似，它们二者之间有什么联系吗？其实国际红十字标志就是掉转瑞士国旗的颜色而来，“白底红十字”的标志，是为了对瑞士表示敬意，瑞士正是国际红十字会的发源地。

拿破仑三世进攻意大利时，战场上有一批冒着枪林弹雨抢救伤员的特殊队伍，这些人是瑞士人，他们的领导者是琼·迪南。从那次救助活动之后，琼·迪南就提议要以法律的形式来规定公平地对待俘虏，不分国家和种族地推行人道主义救助活动。琼·迪南的这一提议得到了世界各方的响应，在 1863 年的日内瓦公共福利会议上，为了表示对琼·迪南及瑞士的敬意，明文指出红十字标志是掉转瑞士国旗的颜色而成的。

西班牙斗牛士为什么要挥舞红色的布呢？

西班牙人将斗牛当作一种文化来看待，从每年的 4 月份开始，直到 10 月份结束，在其中的特定节假日和周日举行斗牛活动。斗牛活动一般定在活动当天的下午 5 点开始进行，因为这个时候地面的热气基本消退了。

斗牛士会在斗牛时挥动一块红色的布，这么做的目的在于将牛挑逗起来。很多人认为牛看到红色的东西就会变得特别生气，其实牛是色盲，无论什么颜色的布在它眼里都是一种颜色的。真正对牛起作用的是布的抖动，抖动的布能激发牛的情绪，让牛愤怒。而之所以用红色的布，是因为红色能激起观众的情绪，让观众兴奋、激动，以增强表演效果。

火车也能招手即停吗？

在我国，很多人会因为错过火车而感到无比的沮丧。

但世界上有些国家的人们，却可以在铁轨旁对火车招手，火车会随即停下来让乘客上车。

蒙古共和国的人们很久以来都过着“逐水草而居”的生活，这在很大程度上养成了他们恬然的性格。蒙古共和国的人们生活节奏慢，时间观念不是很强，所以那里的火车在铁轨上是可以临时停车载客的。

再如津巴布韦的首都哈拉雷，因为那里的当地居民较少，为了能增加经济收入，火车的时速在 20 千米左右，人们在轨道旁招手，火车就能停下来。

世界上真的有食人族存在吗？

人吃人的行为常见于传说、神话当中，那么，食人族真的存在吗？科研人员经研究发现，食人族确实是存在的。

美国的一位生物学家曾经在 1998 年做过一次实验，他检验了一块 1000 多年前的人类粪便化石，在化石中发现，化石的主人曾在排便前的 12 小时到 36 小时吃过人肉。提取这块粪便的地点是在美洲古印第安人居住的石

屋。专家经考证，得知这里所处的大峡谷曾在 1000 多年前经历了非常严重的旱灾，古印第安人因为颗粒无收，而吃人肉。但是食人族吃人肉并不全都是因为要填饱肚子，他们中有的人认为吃下人肉可以吃下一个人的灵魂，从而增加自己灵魂的能量。

没有交通信号灯的国家是哪个国家？

交通信号灯能使汽车有秩序地在马路上行驶，帮助人们指挥交通，防止拥堵现象的出现。但有的国家却没有“红绿灯”的存在，这个国家就是圣马力诺。

圣马力诺处在意大利境内，属于典型的国中国。虽然圣马力诺仅有 3 万多人口，但它却拥有 5 万多辆汽车。照此看来，圣马力诺的交通情况应该很差，更应该设置“红绿灯”，但事实却恰恰相反。圣马力诺之所以能做到交通有序，原因在于那里的马路设计合理，交通管理科学。圣马力诺的道路几乎都是单行道和环形道，汽车上路后便能一路开到底。就算是在没有“红绿灯”的路口，人们也都会自觉遵守“小路让大路，支线让主线”的交通规则。并且各路口都标有醒目的“停”字，凡经过此路口进入主干道的车辆都必须停车观望等候，确认主干道无车时才能驶入。在圣马力诺，人人都自觉遵守交通规则，因此即便没有“红绿灯”，交通依然通畅、安全。

有旧金山，难道也有新金山吗？

大家对美国加利福尼亚州的圣弗朗西斯科不会陌生，18 世纪初，那里的一个木匠偶然发现了金块，从那以后，大批的淘金者来到圣弗朗西斯科，许许多多的黄金被挖了出来，这里也被人们称为“金山”。但很快，圣弗朗西斯科的金矿被挖光了，淘金者便转到其他地方去淘金，于是圣弗朗西斯科渐渐荒废，成了“旧金山”。

与旧金山相对应的新金山确实存在，这个地方就是澳大利亚的墨尔本，有人于 1869 年在墨尔本发现了一块重达 70 千克的大金块，从那以后，墨尔本成了淘金者的新的追捧对象，那里也被称为“新金山”。

V形手势最早是哪个国家的人先打出来的？

很多人喜欢在拍照时打出V形的手势，这个手势代表的是胜利的意思，英文单词为“victory”。那么，这个V形手势最早是由哪个国家的人最先打出的呢？

据说在第二次世界大战期间，一位名叫维克多·德拉维利的比利时人，每天都在英国对比利时人进行广播，号召大家多多书写V，以表示对胜利的信心。之后这件事传遍欧洲，人们见面后会彼此打出V形手势，相互鼓励打气。

丘吉尔知道了这件事后，十分赞赏，这个手势也成了丘吉尔的标志之一，他经常在媒体面前比出这个手势，表示对战胜纳粹有极大的信心，从那以后，这个V形手势广为流行起来。

不工作也算触犯法律？

一个人不工作也算触犯法律，这在我们听来觉得有些不可思议，但在某个国家确实是这样子的。

17 世纪的英国，发生了大规模的圈地运动，那场运动让很多农民失去了土地，不得不到处流浪。但当时的工厂却需要大量的工人，于是政府做出规定，凡是具有劳动能力的游民，如果在规定时间内不参加工作就要追究其法律责任。

当时的法律十分严酷，规定：如果流民不工作被抓住，要受到鞭打的惩罚；假如第二次被抓住，要割掉半只耳朵；如果第三次被发现仍然没有工作，要被处以死刑。之后，英国政府又颁布了一个法令，规定如果流民在一个月之内不工作，一旦被发现，就要被当作奴隶卖掉。

因为这些严酷法律的实施，失去了土地的流民迫不得已要到工厂中接受工资极低的工作，但这在客观上推动了英国工业化和城市化的进程。

第十章
历史冷知识特长班

坐着时空机惊出我一身冷汗

古代人也有身份证吗？

在我国，可以用身份证来识别一个人的身份。那么古代人是怎么向别人证明自己身份的呢？他们也有身份证吗？

其实，在古代，普通人是没有身份证的，他们一般会用书信和信物来表面自己的身份。而一些诸如政府官员的特殊人，拥有一些特殊的身份证，来避免他人冒充自己的身份。古代官员上任时，都会随身带着两样证明自己身份的东西，一样是“敕牒”，另一样是“告身”。“敕牒”即委任状，上面盖有中央的官印，而“告身”则用于证明上任者本人的身份，它是由国家专门机构制作和发放的。

除了“告身”这种能证明身份的凭证外，古代官员还有其他能证明身份的东西。比如，在唐代时，官员的身上都佩戴有一种称作“鱼符”的东西，“鱼符”上面刻有官员的职务和姓名。三品以上的官员，“鱼符”是由黄金制成的，三品以下的则用银或铜制成。宋代证明官员身份的东西叫作“牙牌”，“牙牌”上刻有官员的姓名、职务和所在的衙门等信息。

我国的古代人为什么要竖着写字？

我们在看古装剧的时候会注意到，古人们在写字时都是提着毛笔竖着写字的，为什么他们不像现在的我们一样横着写字呢？

原来，在造纸术发明之前，古人们都是在竹木简牍上写字的。竹木简牍都是窄而长的竹木片，用绳子串起来就可以卷成册。当人们将卷册打开时，通常都是左手展开而右手执笔，所以形成了写字时是自上而下，从右到左的习惯，因为这样会更方便。

此外，从汉字的特点和古人们的生理习惯来看，因为是右手执笔，左手翻册，一个字的笔顺当然是从上到下，从右到左更为方便。而每个汉字的末笔大都在中下或右下，写完上一字的末笔接着写下一字的起笔，竖着写比横着写更方便，便于笔势的连贯。

古代人是如何造纸的？

在古代，人们最早用丝绵做原料来造纸，但因为其价格昂贵，数量少，并不普及。东汉时，蔡伦改进了造纸术，他用树皮、渔网、麻头、藤皮等等原料，经过捣、烘等工艺，制造成纸，此种方法逐步在中国传开，后又传播到世界各地。在我国古书《天工开物》中有关于用竹子造纸的方法，步骤如下：

先是在山上将竹子砍好，然后斩成小段带回去。接着在清水池中将竹子浸泡一百日以上，去皮后进行清洗。然后准备一个大木桶，并往里面倒入石灰水，将清洗干净的竹子放入大桶中，然后再上火进行蒸煮。等蒸煮八天八夜之后，再将竹子从木桶中取出来，用器具将其捣烂，制作成纸浆，最后让纸浆覆盖在框架模型的帘子上，等经过了烘烤和晒干后，就可以得到一张张书写用的纸了。

古代真的有“蒙汗药”存在吗？

在武侠片中，有的人会用“蒙汗药”将人迷晕，这种药真的存在吗？它是由什么构成的呢？

古装武侠片中的“蒙汗药”一般具有如下特点：药效强，人在服用后能在短时间内处于昏迷状态；常常被混在酒或水中，可以遮掩药的味道和颜色；用冷水冲洗可以使那些昏迷的人立刻苏醒过来。通过以上几个特点，我们不难看出，其实“蒙汗药”具有麻醉剂的特性。

古代医药学家李时珍所编著的《本草纲目》中，记载了一种从印度传入中国的“洋金花”（即曼陀罗），它的成分中含有东莨菪碱、莨菪碱和阿托品，这三种成分具有麻醉的作用，“洋金花”的特性与武侠作品中的“蒙汗药”的特性相吻合。另外，“洋金花”味苦，用酒或水可以掩盖其本身的味道，这么看的话，“洋金花”很有可能就是“蒙汗药”的主要原料。

“三军未动，粮草先行”中的“三军”指的是什么？

说起“三军”，可能很多人会认为是海、陆、空三军，但其实“三军”的说法最早起源于春秋战国时期，而且当时所表示的意义与现在的意义并不相同。

春秋时期，大国都设有三军，但各个国家的叫法不一样。晋国将三军称作中军、上军、下军；楚国称之为中军、左军、右军；齐国、鲁国和吴国则称之为上、中、下三军。三军分设将、佐等军衔，而中军为三军的统帅。随着时间的推移，上军、下军和中军逐渐被前军、中军和后军所取代。到了唐朝和宋朝时，这样的编制已经成为军队的固定编制。这时的三军成了担任不同作战任务的各种部队。前军为先锋部队，中军为主将统帅的部队，后军为掩护和警戒部队。

到了今天，前军、中军和后军这样的编制早已取消，取而代之的是陆军、海军和空军。

“扁鹊见蔡桓公”真有其事吗？

战国时期，神医扁鹊来到齐国，拜访齐国的国军齐桓公。扁鹊在与齐桓公面谈后发现齐桓公生病了，于是将生病之事告诉了齐桓公。但齐桓公不相信扁鹊的话，没有理会。扁鹊出于对国君负责的态度，反复观察齐桓公，当他第三次见到齐桓公的时候，发现齐桓公已病入膏肓，于是无奈地走了。等扁鹊从齐国离开到达秦国，没过多久，齐桓公就离开了人世。

但我们在书本中学到的却是《扁鹊见蔡桓公》，莫非这相同的事情既发生在了齐桓公身上，也发生在了蔡桓公身上吗？

我们学习的这篇课文是出自《韩非子·喻老》中的

《扁鹊见蔡桓公》，里面记述的确实是扁鹊见蔡桓公。但在中国的历史上，根本就没有一个叫作“蔡桓公”的人，倒是有一个名字与其相似的“蔡桓侯”的人，那么有没有可能是想写成“蔡桓侯”，而错误地记录成了“蔡桓公”呢？这种可能性也不存在。因为蔡桓侯去世之后，扁鹊才出生。

综上我们可以做出推测：扁鹊其实根本没有见过蔡桓公，扁鹊真正见的，应该是齐国国君齐桓公。

古代国君所穿的龙袍上到底有几条龙？

大家都知道，古代的皇帝所穿的龙袍上绣有龙的图案，但具体有几条龙却没几个人知道。据史料记载，皇帝所穿的龙袍，背后和前胸各有一条龙，两边衣袖上各有一条龙，前后衣襟各有两条龙，还有一条龙绣在衣襟里面，总共加起来，龙袍上共有九条龙。

绣九条龙的原因，主要是受到了《周易》的影响。古代帝王受《周易》的影响很深，都推崇“九五至尊”的说法。因为“九”是奇数，很难在龙袍的布局上形成对称，所以人们便将其中的一条龙绣在了衣襟内，这样的话，龙袍上就有了九条龙。而且因为两肩的龙从前后都能看到，所以无论从正面还是反面来看，都有五条龙，正好与“九”和“五”两个数相吻合。

但并不是所有的龙袍都只有九条龙，有的皇帝的龙袍上要多于九条龙。如，明朝万历皇帝的龙袍上就绣有十二条龙。

“赵”为什么能在百家姓中排名第一？

百家姓中，“赵”排在第一位，这里面有什么原因呢？是因为姓赵的人在全国人数最多吗？

事实上，《百家姓》是在宋朝时编著的，而当时宋朝的皇帝姓赵。为了表示对皇帝的尊敬，“赵”姓也就自然而然地被排在了第一位。

至于“钱、孙、李、周、吴、郑、王”其他这几个排在前面的姓氏也是有讲究的：“钱”姓是五代十国中吴越国王的姓氏；“孙”姓为那个时候吴越国王钱弘俶正妃的姓氏；至于“李”姓，是南唐国王的姓氏。“周、吴、郑、王”，均是钱弘俶其他后妃，以及钱弘俶父亲后妃的姓。

“十八般兵器”包括哪些兵器？

古时候，人们要是说一个人武艺高强，常用“十八般兵器，样样精通”来称赞那个人。那么这“十八般兵器”中到底都有哪些兵器呢？

早在汉武帝时期，兵器就已经被划分成了各个种类，但“十八般兵器”却是在明代时才被确定下来的。古书中所记载的“十八般兵器”包括：弓、弩、枪、刀、剑、矛、盾、斧、钺、戟、鞭、锏、镐、棍、叉、耙、锦绳套索、白打（拳术）。而近代戏曲界所认定的“十八般兵器”则指的是：刀、枪、剑、戟、斧、钺、钩、叉、鞭、锏、锤、抓、镗、棍、槊、棒、拐、流星锤。

需要注意的是，“十八般兵器”中的“般”字，意思为“类别”，并不是指具体的某种兵器。

“十恶不赦”指的是哪“十恶”？

“十恶不赦”多指一个人罪大恶极，犯下了不可饶恕的罪过。现代汉语中，“十恶不赦”是泛指重大的罪行，并没有实指具体犯了什么罪，但是在古时候，“十恶”却是有具体所指的。

“十恶”之名最早出现在《齐律》中，里面是这样记述的：“列重罪十条：一曰反逆，二曰大逆，三曰叛，四曰降，五曰恶逆，六曰不道，七曰不敬，八曰不孝，九曰不义，十曰内乱。其犯此十者，不在八议论赎之限。”这些是封建时代的产物，很多内容都已经不适用于今天。但因为“十恶”是不能赦免的罪过，其影响颇深，直到今天，人们碰到了不可宽恕的事情时，都会马上联想到“十恶不赦”这个词。

“株连九族”中“九族”的范围有多大？

在古代，如果有人犯了诸如欺君的重罪，有可能会被“株连九族”，即“一人犯罪，全家受难”。那么，“九族”具体包括哪些人？它的范围有多广呢？

从古代的实际情况来看，“九族”包括“父族四”“母族三”“妻族二”。具体来说，“父族四”指罪人自己一家，外嫁的姑母及其儿子一家，外嫁的姐妹及外甥一家，外嫁的女儿及外孙一家；“母族三”指的是外祖父一家，外祖母的娘家和姨母及其儿子一家；“妻族二”指岳父一家和岳母的娘家。

其实，在我国历史上，“株连九族”的情况十分少见，它只是一个统称，并非严格的法律称谓。比如，在唐代，如果某人犯了谋反的重罪，那么这个人的父亲和16岁以上的儿子要一同被处死，其他亲属都可免于死刑，只是按亲疏关系或收进官府做奴婢，或流放。

“奉天承运，皇帝诏曰”是什么意思？

在看古装宫廷剧的时候，经常能听到宫里的太监拿着圣旨说着“奉天承运，皇帝诏曰”这句话。那么这句话是怎么来的？它又有什么意义呢？

要说到这句话的出处，就不得不提到秦始皇。秦始皇统一天下后，定名号为皇帝，自称“朕”，命为制，令为诏，他的玉玺上刻着“受命于天，既寿永昌”，所有的这些都在向外界昭示着皇帝的合法性和神圣性。如此看来，“皇帝”和“诏”早在秦始皇时就开始使用了。之后的朝代渐渐建立起一套完备的皇帝制度，在汉代时，“诏曰”二字出现在汉代帝王的文书中，之后被一直沿用下来。

“奉天承运”这四个字真正使用在诏书上，是从明太祖朱元璋时期开始的。明朝时期的天文学家沈德符，在其所写的《万历野获编》中写到，皇帝所执的大圭上刻着“奉天法祖”四个字，因此，皇帝被称为“奉天承运皇帝”，而皇帝颁布的诏书，也会在前面加上“奉天承运皇帝”的称呼。

“奉天承运皇帝”和“诏曰”被后人们重新断句，就逐渐成了现在电视剧中经常出现的“奉天承运，皇帝诏曰”的说法了，其实正确的读法应为“奉天承运皇帝，诏曰”。

“七尺男儿”很高吗？

我们常常能在古代的文学作品中看到“七尺男儿”这样的说法，看上去感觉这个人长得很高的样子，但实际计算起来的话，“七尺男儿”并不是很高。

若按现在的长度单位计算，1 米约等于 3 尺，那么 7 尺就约 2.4 米高，世界上能长到这种高度的人是凤毛麟角，难道古代有很多长得很高的人吗？

其实，古代与现代的“尺”在规格上是不同的，各个朝代对“尺”的标准也不同，但平均来说，古代的 1 尺约为 23 厘米长，而现在的 1 尺大概为 33 厘米长，所以古代的“尺”要比现代的“尺”短了约 10 厘米。这样的话，古人所说的“七尺男儿”的身高，算起来也就相当于现在的 1.7 米左右。